A MULHER NO DIREITO BRASILEIRO

Anna Karla Ribeiro Souza

Copyright © 2024 Anna Karla Ribeiro Souza

Todos os direitos reservados.

ISBN: 9798338421529

Para mamãe

E por todas nós.

Nunca se esqueça que basta uma crise política, econômica ou religiosa para que os direitos das mulheres sejam questionados. Esses direitos não são permanentes. Você terá que manter-se vigilante durante toda a sua vida.
Simone de Beauvoir

ÍNDICE

1 A HISTÓRIA FEMININA

1.1 A mulher na Antiguidade

1.2 Revolução Industrial

1.3 Revolução Francesa

1.4 Movimentos Feministas

2 DIREITOS DAS MULHERES COMO DIREITOS HUMANOS

3 A MULHER NO DIREITO CONSTITUCIONAL BRASILEIRO

3.1 "Todos são iguais perante a lei" - A igualdade formal

1.2 Discriminação positiva e Ações afirmativas

4 A MULHER NO DIREITO CIVIL

4.1 De incapaz a sujeita de direitos

5 A MULHER NO DIREITO PENAL

5.1 A "mulher honesta" - História do Direito Penal

5.1.1 Do adultério e da legítima defesa da honra

5.1.2 Da violência sexual intramatrimonial

5.1.3 O casamento como forma de extinção da punibilidade

5.2 Lei 11.343/2006 - A "Lei Maria da Penha"

5.3 Lei 13.104/2015 - Lei do Feminicídio

5.4 Novos tempos - Violação da intimidade e crimes virtuais

APRESENTAÇÃO

O primeiro impacto de como o Direito não era feito para as mulheres me ocorreu ainda antes da faculdade, no ensino médio. Uma reportagem, em uma dessas revistas de curiosidades, relatava que há menos de dez anos (à época), caso um homem estuprasse uma mulher, mas depois se casasse com ela, não seria preso. Foi um choque. Essa lei só mudou em 2005, quando eu era pouco mais que uma criança. Mas essa realidade impactou muitas mulheres. Poderia ter acontecido com a minha mãe, com as minhas amigas, com a vizinha. Poderia ter acontecido comigo.

A internet possibilitou uma difusão de conhecimento sem precedentes e com ela, muitas discussões e pautas puramente acadêmicas, letradas e elitistas, se tornaram acessíveis à população em geral. Foi assim que, já nas cadeiras da faculdade de Direito, tive acesso a debates sobre feminismo, gênero, raça, classe, direitos reprodutivos, enfim, sobre a mulher e a sociedade. Meu mundo se abriu. O mundo, em si, talvez não tanto.

Em 2015, apresentei meu trabalho de conclusão de curso com o tema "A evolução do papel da mulher no direito penal", base para este trabalho que apresento agora. Nesses quase dez anos, muita coisa mudou e quase nada mudou.

O Direito se renova todos os dias, leis novas surgem e se vão com a mesma facilidade, adequadas às necessidades e aos populismos de cada época. Estamos, como mulheres, em um lugar melhor do que já estivemos no passado. Mas a pergunta ronda, à espreita: até quando?

Cito Simone de Beauvoir na abertura deste trabalho como alerta. Os direitos das mulheres estão sempre sob ameaça, porque se fundam e pairam sobre uma sociedade criada por homens e para homens. Todo espaço conquistado, há de se lutar para ser mantido.

Encerro emprestando mais uma citação, dessa vez do filósofo irlândes Edmund Burke: "Um povo que não conhece a sua história está condenado a repeti-la."

Conheçamos nossa história, e lutemos para jamais repeti-la.

1 A HISTÓRIA FEMININA

Não é possível falar do papel da mulher, sob qualquer aspecto, sem que se faça, primeiramente, uma análise da construção desse papel ao longo da História.

1.1 A mulher na Antiguidade

Historicamente, a mulher tem sido considerada inferior, mero meio de procriação e indigna de quaisquer direitos. Posse do pai ao nascer e do marido ao se casar, a figura da mulher na Antiguidade se restringia à mãe e esposa.

Em várias sociedades é possível observar o jugo ao qual se encontrava submetida a mulher. Na Roma Antiga, berço do nosso Direito e espelho para várias gerações, pode-se perceber que não eram dados às mulheres os direitos que pertenciam aos homens. Eram estes os chefes de família, que detinham todo o poder sobre esta. "A casa do grego ou do romano obrigava um altar; sobre esse altar devia haver sempre um pouco de cinza e carvões acesos. Era obrigação sagrada, para o chefe de cada casa, manter aceso o fogo dia e noite." (COULANGES, 1971) O fogo era sagrado, o centro da religião doméstica, e deveria ser mantido sempre aceso pelo chefe da casa, o homem da família.

A religião era a base da sociedade antiga e dela nascia a distinção entre homem e mulher.

> Mas é necessário notar esta particularidade: a religião doméstica não se propagava senão de varão para varão. Isso, sem dúvida, prendia-se à idéia que os homens faziam da geração. A crença das idades primitivas, tal como a encontramos nos Vedas, e nos vestígios que ficaram em todo o direito romano e grego, era que o poder reprodutor residia unicamente no pai. Somente o pai possuía o princípio misterioso do ser, e transmitia a centelha da vida. Dessa antiga opinião resultou que o culto doméstico passou sempre de homem para homem; a mulher, dele não participava senão por intermédio do pai

ou do marido; depois que estes morriam, a mulher não tomava a mesma parte que o homem no culto e cerimônias do banquete fúnebre. (COULANGES, 1971)

Assim, percebe-se que era o homem o portador do saber e do poder sobre a religião e, portanto, sobre toda a sociedade. Não era dado à mulher o poder de escolha nem mesmo quanto às próprias divindades. A filha deveria seguir os cultos de seu pai e a esposa, cultuar o mesmo que seu esposo. "A partir do casamento, diz um antigo, a mulher não tem nada mais em comum com a religião doméstica dos pais: ela passa a sacrificar aos manes do marido." (DICEARCA apud COULANGES, 1971).

Exemplifica-se como a mulher, ao se casar, abandona os deuses de sua família para cultuar os deuses da família de seu marido:

> Duas famílias vivem uma ao lado da outra, mas possuem deuses diversos. Em uma delas, a jovem participa, desde a infância, da religião do pai, invoca seu lar, oferece-lhe todos os dias libações, enfeita-o com flores e grinaldas nos dias festivos, pede-lhe proteção, agradece-lhe benefícios. Esse fogo paterno é o seu

> deus. Se um jovem de outra família a pede em casamento, para ela isso significa muito mais do que passar de uma casa para outra. Trata-se de abandonar o lar paterno, para invocar daí por diante os deuses do esposo. Trata-se de mudar de religião, de praticar outros ritos, de pronunciar outras orações. Trata-se de deixar o deus de sua infância, para colocar-se sob o império de um deus desconhecido. E ela não espera permanecer fiel a um, honrando a outro, porque um dos princípios imutáveis dessa religião é que uma pessoa não pode invocar dois lares, nem duas séries de antepassados. (COULANGES, 1971)

Na Roma Antiga, o casamento tinha por fim a geração de descendentes, que perpetuariam a religião da família e cultuariam os antepassados. Assim, a obrigação da mulher ao se casar era a de gerar crias. Nesse sentido, era perfeitamente possível que o casamento fosse anulado caso a mulher fosse estéril. Entretanto, se o estéril fosse o homem, ainda assim a família deveria continuar e a mulher era impedida de se divorciar. Um irmão ou parente do marido o substituiria em seus deveres conjugais e a criança nascida era considerada filha do marido, e continuava seu culto. (COULANGES, 1971)

Se o casamento viesse a dar frutos, expunha-se ainda mais claramente a diferenciação entre os gêneros. Isto pois, somente interessava à perpetuação da religião o filho homem, visto que ele presidia o culto doméstico e o perpetuaria através das gerações, já que a filha mulher se casaria e passaria a seguir a religião do marido.

> Portanto, o filho é que era esperado, é que era necessário; era ele que os antepassados, a família e o lar reclamavam. "Por ele — diziam as velhas leis dos hindus — o pai paga suas dívidas para com os manes dos antepassados, e assegura a si próprio a imortalidade." — Esse filho não era menos precioso aos olhos dos gregos, porque mais tarde devia oferecer sacrifícios e banquetes fúnebres, e conservar por seu culto a religião doméstica. Assim, no velho Ésquilo, o filho é chamado salvador do lar paterno. (COULANGES, 1971)

Do mesmo modo que nas relações interpessoais, a religião nos tempos antigos era a fonte e a inspiração do Direito, razão pela qual as desigualdades iniciadas no nascimento se propagavam por toda a vida das mulheres. É especialmente perceptível essa desigualdade quando observado o Direito Sucessório, que privilegia os filhos homens, demonstrando a íntima ligação entre Direito e religião:

> A regra para o culto é a transmissão de varão para varão; a regra para a herança é conformar-se com o culto. A filha não é apta para continuar a religião paterna, pois ela se casa, e, casando-se, renuncia ao culto do pai para adotar o do esposo: não tem, portanto, nenhum título para herdar. Se por acaso um pai deixasse seus bens à filha, a propriedade seria separada do culto, o que não é admissível. A filha não poderia nem ao menos cumprir o primeiro dever do herdeiro, que é continuar a série de banquetes fúnebres, pois os sacrifícios que oferece dirigem-se aos antepassados do marido. A religião, portanto, proíbe-lhe herdar do pai. (COULANGES, 1971)

À filha não era permitido que herdasse de seu pai, em razão da citada influência da religião, já que não poderia continuar-lhe o culto. Se já houvesse se casado, não mais pertencia a família de seu pai, portanto nada deste herdaria. Agora, estando solteira e tendo um irmão homem, dividiria com este a herança do pai?

> Ora, não nos devemos esquecer de que essa filha estava colocada sob a tutela do irmão, ou dos parentes agnados, por toda a vida; que a tutela do antigo direito era estabelecida no interesse dos bens, e não da filha; que ela tinha por objeto a conservação dos bens da família; e que, enfim, a filha, em nenhuma idade, podia casar ou mudar de família sem autorização do tutor. Esses fatos, que são bem provados, permitem acreditar que havia, senão nas leis, pelo menos na prática e nos costumes, uma série de dificuldades que se opunham a que a filha fosse tão completamente proprietária de sua parte do patrimônio como o filho o era da sua. (COULANGES, 1971)

A Lei Vocônia, promovida por Catão, proibia instituir uma mulher como herdeira, embora filha única, sendo casada ou não, e legar a mulheres mais da metade do patrimônio. (COULANGES, 1971). Caso fosse desobedecida, o ato em questão era nulo. (OLIVEIRA, 1998, pág. 34)

Mesmo que a filha mulher fosse a única descendente, não teria direito a herança completa. "Nos tempos de Cícero, se um pai deixa um filho e uma filha, não pode legar à filha senão um terço de sua fortuna; se não tem senão uma filha única, mesmo assim ela não pode receber senão a metade." (COULANGES, 1971). Percebe-se que a lei, embora não exclua claramente a filha mulher da sucessão, torna-a muito inferior em comparação ao filho homem.

Buscando conciliar os ditames religiosos e os sentimentos familiares, muitas vezes as leis previam modos para que, indiretamente, as mulheres pudessem usufruir da herança paterna.

O Direito Grego ilustra bem esta situação, tendo a Grécia organização social e religiosa semelhante à Roma na mesma época.

A legislação ateniense previa o casamento como forma de acesso da filha à herança. Assim, caso o pai falecesse deixando um filho e uma filha, a lei autorizava o casamento entre os irmãos, desde que não nascidos da mesma mãe. Ao pai que somente tivesse uma filha, era permitido que adotasse um filho homem e casasse os dois, ou ainda, que instituísse em testamento herdeiro que se casaria com sua filha. Se, entretanto, morresse sem adotar filho ou testar, seria herdeiro o parente mais próximo, mas que teria por obrigação casar-se com a filha. (COULANGES, 1971)

Observando-se as leis, tanto romanas quanto gregas, resta evidente que a mulher se relegava a posição de subordinação. Mesmo o sagrado e historicamente respeitado direito de propriedade era limitado para as mulheres. O casamento como forma de adquirir e usufruir da herança, que seria (deveria ser) sua por direito natural, expõe o fato de que a capacidade de direito da mulher estava condicionada à presença de um homem, que seria o titular e administrador de quaisquer direitos patrimoniais que esta possuísse, bem como sua vontade era irrelevante para a prática de negócios que a envolvessem - entre estes, o casamento.

Mesmo no interior de sua casa, a mulher não possuía poder ou liberdade, visto que predominava o jugo da religião. Dentro da religião doméstica, à mulher não era dado papel de destaque, pois vinha de outra família, de outro culto, tornando-se pelo casamento parte de seu marido e adotando sua religião. Assim, não pertencendo realmente aquela família, não tem poder sobre ela, não pode dar ordens, não tem poder sequer sobre si mesma. "Sempre está ao lado do lar de outro, repetindo a oração de outro; para todos os atos da vida religiosa é-lhe necessário um chefe, e para todos os atos da vida civil um tutor." (COULANGES, 1971)

A submissão da mulher perpetua-se por toda a sua vida, de acordo com as leis gregas e romanas:

> Filha, é submetida ao pai; morto o pai, fica submissa aos irmãos e aos agnados(4); casada, fica sob a tutela do marido; morto o marido, não volta para a própria família, porque renunciou para sempre a ela com o casamento sagrado(5); a viúva continua submissa à tutela dos agnados do marido, isto é, a seus próprios filhos, se os tem(6), ou, caso contrário, dos parentes mais próximos(7). O marido tem tal autoridade sobre ela, que pode, antes de morrer, designar-lhe um tutor, ou mesmo escolher-lhe novo marido(8). (COULANGES, 1971)

Destarte, constata-se que na Antiguidade, destacando-se especialmente as sociedades gregas e romanas, a posição de inferioridade da mulher era bastante clara e delimitada pela religião e pela lei. Não possuía a mulher direitos políticos, econômicos ou sociais, estando submetidas durante toda a sua vida ao jugo de homem por ela responsável, seja este seu pai, marido ou outro parente.

Curiosamente, é interessante destacar que, *a priori*, em outra sociedade de grande importância histórica e que inclusive teve seu auge em época anterior à Roma e a Grécia Antiga, a mulher parecia gozar dos mesmos direitos concedidos ao homem: trata-se do Antigo Egito.

Nas terras da famosa Cleópatra, dominada pelos faraós e sob a égide de uma religião politeísta, bastante diferente da religião doméstica greco-romana, as mulheres viviam, na teoria, em igualdade de direitos, o que as torna privilegiadas em face das mulheres de outras sociedades contemporâneas à egípcia. A mulher egípcia podia gerir e dispor de seus próprios bens, realizar negócios, receber herança em igualdade de condições, intervir no patrimônio familiar, receber instrução e exercer profissões fora de casa. (SANTOS, 2005)

Entretanto, a visão amplamente divulgada das condições de igualdade e dos privilégios da mulher egípcia não é totalmente verdadeira. O principal limite prático da igualdade feminina no Egito consiste no fato de que as mulheres não podiam participar da política no país. Ainda, em que pese terem seus direitos legais garantidos, isto não impedia que houvesse uma hierarquia social que considerava a mulher inferior ao homem, lhe garantindo cargos inferiores, pouca oferta de trabalho e uma participação efetiva reduzida na economia. (SOUSA, 2010)

Ademais, estava a mulher egípcia submetida aos padrões e preconceitos de uma sociedade intrinsecamente machista. Deveria seguir os princípios morais e espelhar seus comportamentos nas deusas, sendo responsáveis como mães pelo equilíbrio e prosperidade de seu lar. Deveria seguir um padrão de beleza, esbelta, longas pernas, seios pequenos e cabelos negros, não sendo a gordura bem-vista. Porém, era considerada perigosa e traiçoeira, por seus cuidados com a beleza. (SANTOS, 2005)

> Ciro Flamarion CARDOSO acredita que esses relatos expressam os preconceitos da sociedade egípcia que, embora menos machista que outras, não deixa de ser dominada pelo imaginário masculino sobre a mulher. Subentende-se aí um aviso de suma importância: "Vejam os males que advirão se a mulher se desviar dos seus papéis naturais de esposa e boa mãe!" (SANTOS, 2005, p. 7)

Assim, observa-se que mesmo em uma sociedade considerada evoluída em termos de igualdade de gêneros, essa igualdade ainda se encontrava distante da realidade, subsistindo apenas no plano formal. Apesar de viver em condições melhores, comparada a situação da mulher grega ou romana, a mulher egípcia também padecia face ao machismo e dominação exercidos, ainda que de forma mais sutil, mas que impunham às mulheres padrões comportamentais de submissão e inferioridade.

1.2 Revolução Industrial

Durante séculos, o papel da mulher na família e na sociedade permaneceu praticamente inalterado. Primeiro, filha obediente, após, moça honrada, esposa submissa e, finalmente, mãe cuidadosa. Por muito tempo, na maioria das civilizações, restringia-se a exercer as atividades domésticas e trabalhar no campo com a família, ocasionalmente, oferecendo serviços domésticos nas redondezas, lavando roupas ou costurando para a vizinhança.

No século XVIII, a Inglaterra iniciou um processo de industrialização que transformou a história. A produção rural de subsistência gradativamente foi se transformando em produção comercial e os trabalhos artesanais foram dando espaço à produção industrial. A invenção da máquina a vapor foi o gatilho que possibilitou essa mudança. Com o desenvolvimento de máquinas que realizavam em larga escala o trabalho antes manual e a diminuição das pequenas propriedades rurais, a população se viu impelida às cidades, iniciando um rápido processo de urbanização.

As indústrias se desenvolviam rapidamente e necessitavam de mão-de-obra barata. Isso abriu espaço para a contratação de mulheres, em especial pelas indústrias têxteis inglesas, já que estas se submetiam às extensas horas de trabalho e baixos salários para complementar a renda familiar. (RODRIGUES, 2015)

A industrialização lentamente se espalhou por outros países na Europa, como a França, mas seu epicentro se manteve na Inglaterra. No século XIX, as mulheres já eram maioria dos trabalhadores na indústria têxtil.

> O alto número de mulheres empregadas como operárias nas fábricas na França e Inglaterra ocorreu devido aos baixos salários masculinos, insuficientes para garantir as necessidades básicas da família, levando a mulher a "sair" de casa para trabalhar e assim complementar a renda, a fim de garantir a subsistência familiar. (RODRIGUES, 2015, p. 5)

Esse processo de industrialização provocou profundas transformações, não somente econômicas, mas principalmente sociais. A mulher, antes restrita à sua casa e sua família, passou a exercer também o papel de trabalhadora. Não estava mais sob a vigilância estrita de seu marido e nem condicionada a exercer o papel de mãe em tempo integral. Era agora também responsável pelo sustento da família.

Porém, essa transformação não foi vista com bons olhos por muitos à época. Diversos críticos consideraram que este foi o ponto de partida para a dissolução da família e a alteração da função natural da mulher, que era vista somente como "uma extensão do homem na união matrimonial, não como outro indivíduo com anseios e desejos, deveria ser submissa ao marido e atuar como reserva moral da família, bem como, cuidar da educação dos filhos." (RODRIGUES, 2015, p. 7).

Segundo os críticos, a fábrica era responsável por afastar mulheres e crianças de perto dos olhos e do poder autocrático do pai, levando à infidelidade e promiscuidade; por incentivar o desleixo com os cuidados domésticos e incentivar a insubordinação feminina. "Implícito na condenação de mulheres trabalhando nas fábricas, estava a noção de que o lugar da mulher é na casa e que seu único papel é cuidar do lar para seu marido e educar suas crianças." (HESSEN, 2015)

A forte oposição não foi o suficiente para afastar as mulheres das fábricas, dada a necessidade do trabalho para sua sobrevivência e muitas vezes, o sustento da família. Assim, submetiam-se a situações degradantes, exercendo jornadas de 12 a 14 horas, em locais insalubres, ganhando muito menos que os homens pela mesma tarefa e sujeitas à exploração sexual. "Patrões, chefes e empregados partilhavam dos mesmos valores: olhavam as trabalhadoras como prostitutas." (CAMPOS, 2008)

As péssimas condições de trabalho eram alvo de frequentes protestos por parte dos trabalhadores, nos séculos XIX e XX. Foi em meio a estes protestos que emergiu a luta feminina. As mulheres agora estavam fora de suas casas, levantando sua voz contra as condições que lhes eram impostas, cansadas de serem silenciadas. Iniciaram sua participação timidamente, apoiando as reivindicações gerais, mas aos poucos organizaram-se em movimentos próprios que buscavam redução da jornada, melhores condições de trabalho e equiparação salarial.

Paralelo aos grandes movimentos sindicais, surgiram outros, que iniciaram a construção de um novo papel para a mulher na sociedade, como trabalhadora e como cidadã. (CAMPOS, 2008). Estes movimentos foram o embrião dos movimentos feministas e o primeiro passo para as grandes transformações que se seguiram.

1.3 Revolução Francesa

Concomitante ao início do processo de industrialização na Inglaterra, a França, mais importante monarquia absolutista da época, passava por uma grave crise econômica. Esta crise foi a propulsora de uma revolta popular de tal monta que revolucionou toda a estrutura política, econômica e social da França e consolidou o Iluminismo e o Capitalismo.

No século XVIII, a França era marcada por uma gritante desigualdade social, onde o Terceiro Estado, formado por camponeses e burgueses que formavam a grande maioria da população, sustentava com os impostos de seu trabalho duro o clero e a nobreza. Inspirada pelas ideias iluministas e amparada no poderio econômico, a burguesia se uniu e iniciou o que ficou conhecida como a Revolução Francesa. A Revolução Francesa significou o fim do absolutismo, a separação entre Estado e Igreja, o nascimento da separação dos poderes e do conceito de cidadania. (SCHMIDT, 2012)

O famoso lema "Liberdade, Igualdade e Fraternidade", entretanto, não se aplicava a todos. A presença das mulheres, rechaçada na Revolução, foi totalmente ignorada na implantação dos direitos conquistados. A participação da mulher nas ruas era uma vergonha, devendo reservar-se ao seu papel privado, de cuidar da casa e dos filhos. Segundo Rousseau, "toda mulher em público que se mostra, se desonra" (SCHMIDT, 2012).

Ainda assim, diversas mulheres participaram da luta e reivindicaram seus direitos. Os tiveram negados sob o argumento que "A Revolução Francesa é uma revolução de homens. Não podemos conceder o Direito da Mulher porque hoje foi o dia em que nasceram os direitos do homem" (MURARO apud HESKETH). Por levantarem a voz e buscarem direitos, muitas dessas mulheres acabaram na guilhotina.

Olympe de Gouges provavelmente é o melhor exemplo disso. A escritora francesa, ativista política e feminista, teve um papel de destaque durante a Revolução, liderando mulheres que queriam ter voz ativa e reclamando direitos políticos, direito ao trabalho e melhores condições para a maternidade. (VERUCCI, 1999)

Em 1791, Olympe publicou a "Declaração dos Direitos da mulher e da cidadã", em resposta à "Declaração de Direitos do homem e do cidadão", considerada marco histórico nos direitos humanos, mas que somente considerava os direitos naturais e inalienáveis dos homens. Declara Olympe em seu texto:

> Artigo I - A Mulher nasce livre e permanece igual ao homem em direitos. As distinções sociais só podem ser fundamentadas no interesse comum.
>
> [...]
>
> Artigo VI - A lei deve ser a expressão da vontade geral; todas as cidadãs e cidadãos devem colaborar pessoalmente ou por seus representantes, para a sua formação; ela deve ser igual pra todos: todas as cidadãs e todos os cidadãos, sendo iguais frente a ela, devem ser igualmente admitidos a todas as dignidades, postos e empregos públicos, de acordo com sua capacidade, e sem qualquer distinção a não ser por suas virtudes e seus talentos. (GOUGES, 1791)

A busca por igualdade de direitos não foi bem recebida. Olympe foi mandada à guilhotina em 1793, acusada de esquecer as virtudes do seu sexo e querer igualar-se ao homem. (VERUCCI, 1999).

Na Inglaterra, em 1972, Mary Wollstonecraft publicou *A Vindication of the Rights of Woman* ("Uma defesa dos direitos da mulher"), afirmando que os direitos inalienáveis à vida e à liberdade pertenciam à homens e mulheres e defendente que as mulheres pudessem receber educação, seguir carreiras profissionais e foi uma das primeiras a defender que as mulheres pudessem votar. (POWELL, 2008) Faleceu em 1797, em decorrência de complicações no parto, sem ver reconhecidas suas reivindicações.

Mas as sementes plantadas por estas e muitas outras acenderam nas gerações seguintes o desejo de lutar por liberdade, igualdade e fraternidade para ambos os gêneros.

1.4 Movimentos Feministas

Segundo o dicionário Priberam, feminismo é "Movimento ideológico que preconiza a ampliação legal dos direitos civis e políticos da mulher ou a igualdade dos direitos dela aos do homem." (PRIBERAM, 2015) Este termo, entretanto, foi cunhado muito tempo após o início dos movimentos de mulheres que lutavam por igualdade.

No final do século XIX, as mulheres que lutavam

na Inglaterra recém-industrializada por melhores condições de vida e trabalho, se uniram por um objetivo comum: o direito de voto.

As *suffragettes*, como ficaram conhecidas, realizaram manifestações e greves, principalmente em Londres. O movimento logo se espalhou por outros países e a luta por direitos políticos e cidadania ficou conhecida como a "primeira onda" do feminismo. O direito ao voto feminino foi conquistado no Reino Unido em 1918. (PINTO, 2010)

Não é possível tratar das origens do movimento sem mencionar que se tratava de um movimento de mulheres brancas. Enquanto as primeiras feministas, majoritariamente mulheres brancas, de elite, que haviam recebido educação formal, direcionaram sua luta ao direito ao voto e à igualdade legal, as mulheres negras ainda buscavam serem reconhecidas como pessoas. (RIBEIRO, 2018)

No Brasil, a primeira onda do feminismo também se manifestou na busca pelo direito ao voto. Em 1910 foi fundado pela professora Deolinda Daltro o Partido Republicado Feminino, que reacendeu a discussão sobre o voto feminino no país. (LEVATTI, 2011). Outra importante líder do movimento feminista no Brasil, a cientista Bertha Lutz foi uma das fundadoras da Federação Brasileira pelo Progresso Feminino e fez campanha pública pelo voto feminino, levando inclusive um abaixo-assinado ao Senado Federal, em 1927. (PINTO, 2010)

O direito ao voto feminino no Brasil só foi conquistado em 1932, com a promulgação do Novo Código Eleitoral, e assegurado pela Constituição Federal de 1934. Porém, as mulheres brasileiras só puderam votar pela primeira vez em 1945, após a queda da ditadura Vargas. (LEVATTI, 2011)

Após a conquista do direito ao voto, o movimento feminista fica fora dos holofotes por algum tempo. Em 1949, é lançado o livro O Segundo Sexo, da francesa Simone de Beauvoir, talvez a mais conhecida feminista neste século.

Em 1963, Betty Friedan lança A Mística Feminina, uma das maiores influências do movimento feminista do século XX.

Na década de 60, o mundo ocidental vive um momento de efervescência com a Guerra do Vietnã, o surgimento do movimento hippie, a revolução nas artes e na música e o lançamento da pílula anticoncepcional. A possibilidade de controle de natalidade traz consigo a liberdade sexual e busca pelo prazer, somada à possibilidade de aumento da escolaridade e de inserção no mercado de trabalho.

Neste contexto, o movimento feminista ressurge com força total, nos Estados Unidos e na Europa, desta vez questionando os papéis dos gêneros e a hierarquia socialmente consagrada.

Surge (ou ganha força) o questionamento acerca da influência sociocultural na formação das desigualdades, por muito tempo imposta como natural e biologicamente justificável. Nasce daí o entendimento de que as diferenças entre os gêneros – e consequentemente a dominação masculina sobre a mulher – não são puramente biológicas, mas criadas e impostas pelo meio social.

Somos condicionados desde o nascimento pela sociedade a nos limitarmos aos papéis previamente definidos por ela, conforme sintetizado na célebre frase de Simone de Beauvoir: "Ninguém nasce mulher, torna-se mulher". (BEAUVOIR, 1967, p.9)

A ideia central desta discussão acerca da questão de gênero é que "masculino" e "feminino" são construções sociais e, além das diferenças biológicas/sexuais, o que diferencia realmente homem e mulher são as características valorizadas. O que é considerado masculino é valorizado e o que é considerado feminino, é oprimido.

(LEVATTI, 2011). Assim, se a inferiorização da mulher é construída socialmente, pode ser modificada.

Nesse ínterim, destaca-se o feminismo, cunhado de "feminismo de segunda onda", como um movimento libertário, que prega a desconstrução dos papéis pré-estabelecidos e uma nova forma de relacionamento entre homens e mulheres, em que a mulher tenha liberdade para decidir sobre seu corpo e sua vida. (PINTO, 2010)

Diferente dos Estados Unidos e Europa, na década de 60 o Brasil vivia outro momento político e social. Em 1964, o golpe militar leva o Brasil a se tornar mais uma ditadura sul-americana, e uma das mais rigorosas, especialmente após a promulgação do Ato Institucional nº 5. A crise na democracia e o cerceamento da liberdade de expressão deram o tom do feminismo de segunda onda no país. Assim, além de lutarem por igualdade de gêneros e liberdade sexual, as mulheres brasileiras têm que lutar também por direitos civis e políticos básicos, tornando-se também opositoras do regime militar.

A mera oposição ao regime era subversiva por si, pois desafiava os valores machistas da sociedade que não atribuía às mulheres participação política. (RIGONATI, 2015) "O regime militar via com grande desconfiança qualquer manifestação de feministas, por entendê-las como política e moralmente perigosas." (PINTO, 2010, p. 17).

Também as exiladas fora do Brasil, principalmente em Paris, entravam em contato com o feminismo europeu e começavam a se reunir, apesar da oposição dos homens.

No Brasil, o movimento feminista revela-se de forma mais tímida, somando-se à luta contra a ditadura, ainda que sofressem de dupla perseguição – a violenta repressão por parte da ditadura e o machismo vindo de fora e de dentro dos próprios movimentos militantes. Ainda assim, as mulheres brasileiras não fogem à luta. Dezenas foram torturadas, desaparecidas ou assassinadas pela oposição ao regime.

Destaca-se a luta das mulheres negras, que enfrentavam dupla opressão – machismo e racismo – e lutaram contra a repressão da ditadura e o mito brasileiro da "democracia racial". Dentro deste movimento, ganha destaque uma das mais importantes ativistas brasileiras, a autora, filósofa e antropóloga Lélia Gonzalez, referência nos debates de gênero, raça e classe na América Latina.

Na I Conferência Internacional da Mulher, no México, a Organização das Nações Unidas (ONU) declarou o ano de 1975 como o Ano Internacional da Mulher e os próximos dez anos como a Década da Mulher, dando maior visibilidade ao feminismo. Os debates feministas se intensificaram e, conforme ocorria o processo de abertura política, a repressão se reduzia, dando espaço à intensa mobilização social que resultou na Anistia, em 1979.

A volta das mulheres exiladas trouxe também suas experiências com o feminismo europeu e norte-americano, o que veio a acrescentar no desenvolvimento do feminismo brasileiro. (SENKEVICS, 2013)

Com a redemocratização na década de 1980, o feminismo no Brasil entra em ebulição e desenvolve a luta por direitos para as mulheres, tratando de vários temas - "violência, sexualidade, direito ao trabalho, igualdade no casamento, direito à terra, direito à saúde materno-infantil, luta contra o racismo, opções sexuais" (PINTO, 2010).

Cresce exponencialmente também a luta por direitos políticos e maior participação feminina na política. Importante conquista foi a criação do Conselho Nacional da Condição da Mulher (CNDM), em 1984, que promoveu uma campanha nacional para que os direitos das mulheres fossem incluídos na nova Constituição. (PINTO, 2010)

A presença de mulheres nas casas legislativas, que antes restringia-se a 0,6% do total, na eleição para a Assembleia Constituinte subiu para 5,3%, totalizando 26 mulheres em meio aos 559 deputados. (SENKEVICS, 2013) Embora pareça numericamente inexpressivo, o aumento na representatividade da mulher na política já caracteriza um grande avanço e demonstra interesse das mulheres em verem seus direitos reconhecidos e garantidos pela Constituição a ser votada.

Essas mulheres - alcunhadas de "Lobby do Batom" - aliadas ao CNDM e com o apoio dos movimentos feministas, apresentaram mais de 100 propostas para a nova Constituição, das quais 80% foram aprovadas e garantiram importantes avanços nos direitos das mulheres, incluindo

> Licença-maternidade de 120 dias, a criação de uma licença-paternidade, benefícios sociais e direitos trabalhistas para empregadas domésticas, direito ao divórcio, além de artigos garantindo a igualdade entre mulheres e homens independentes de cor/raça (SENKEVICS, 2013)

Na última década do século XX, o movimento passou a focar na intervenção junto ao Estado, buscando medidas protetoras para a mulher e formas de efetivação dos direitos positivados. Uma das questões centrais dessa época era a luta contra a violência doméstica, que levou à criação da

Lei Maria da Penha (Lei 11340/06), buscando coibir a violência doméstica e familiar contra a mulher (PINTO, 2010), que será melhor tratada mais adiante.

O século XXI trouxe um novo patamar de direitos efetivados, e com ele a necessidade de correção de disparidades implícitas. A luta feminina, na chamada "quarta onda do feminismo", ganha com a massificação do conhecimento através da internet e o ciberativismo, e adota o conceito de interseccionalidade, criado em 1989 por Kimberlé Crenshaw, no contexto do movimento de mulheres negras dos Estados Unidos, e que pode ser descrito resumidamente como "a interação entre dois ou mais fatores sociais que definem uma pessoa." (BELLAGAMBA, 2022).

O feminismo interseccional busca enxergar a mulher sob uma perspectiva mais ampla, não só restrita ao gênero, mas aos diversos fatores que a constituem, como raça, classe, origem, orientação sexual e deficiência, e como a interação entre estes fatores também pode significar a sobreposição de discriminações. Assim, a luta feminista do novo século amplia as vozes das mulheres negras, indígenas, lésbicas, bissexuais, transexuais, e muitas outras, de forma a garantir a extensão dos direitos conquistados à todas.

Observa-se que a luta de mulheres e sua reunião em torno de um objetivo comum contribuíram para o avanço em várias áreas e a conquista de direitos por muito tempo negados, o que não significa, porém, que o patriarcado - o sistema de dominação masculina - não subsista.

Ao longo dos próximos capítulos, uma análise mais detalhada da evolução da posição da mulher nos diversos âmbitos do direito revelará onde já chegamos e quanto ainda falta para caminhar.

2 DIREITOS DAS MULHERES COMO DIREITOS HUMANOS

Inicialmente, é possível definir Direitos Humanos como "conjunto de direitos que materializam a dignidade humana; direitos básicos, imprescindíveis para a concretização da dignidade humana." (BARRETTO, 2014, p. 23) São direitos inerentes ao ser humano, independente de raça, cor, sexo, religião ou qualquer forma de discriminação.

Uma das mais importantes características dos direitos humanos é a historicidade, que significa que estes são "frutos do processo histórico; resultam de uma longa caminhada histórica, marcada muitas vezes por lutas, sofrimento e violação da dignidade humana." (BARRETTO, 2014, p. 28). Assim, cada um dos direitos humanos fundamentais, hoje considerados como essenciais e inafastáveis, surgiram ao longo de momentos históricos diferentes e demandaram muito esforço para o seu reconhecimento.

Neste contexto, em que pese o próprio conceito de "direito humano" trazer em si a ideia de aplicação indistinta a todos os seres humanos, muito tempo e luta foram necessários para que a mulher fosse considerada, verdadeiramente, sujeito dos direitos humanos. Por essa razão, faz-se a presente distinção acerca dos Direitos Humanos das mulheres.

Em 1948, a Assembleia Geral da Organização das Nações Unidas (ONU) aprovou a Declaração Universal dos Direitos Humanos, marco fundamental na garantia de direitos e respeito à dignidade humana. Declara em seu preâmbulo:

> Considerando que, na Carta, os povos das Nações Unidas proclamam, de novo, a sua fé nos direitos fundamentais do Homem, na dignidade e no valor da pessoa humana, na igualdade de direitos dos homens e das mulheres e se declaram resolvidos a favorecer o progresso social e a instaurar melhores condições de vida dentro de uma liberdade mais ampla; [...]

Em que pese a referência expressa da

Declaração à igualdade entre homens e mulheres, ainda por muitos anos este direito esteve distante de ser respeitado e sequer foi trazido à pauta de discussões.

Em 1979, por pressão dos movimentos feministas, nasceu a Convenção das Nações Unidas sobre a Eliminação de Todas as Formas de Discriminação contra as Mulheres (CEDAW, na sigla em inglês), importante marco histórico na definição dos Direitos Humanos das Mulheres, e que tratou de temas como educação, trabalho, saúde, direitos civis e políticos, estereótipos sexuais, prostituição etc. (BARSTED, 2001)

A Convenção aduz em seu preâmbulo:

> Relembrando que a discriminação contra a mulher violado os princípios da igualdade de diretos e o respeito da dignidade humana dificulta a participação da mulher, nas mesmas condições que o homem, na vida política, social, econômica e cultural de seu país, constitui um obstáculo ao aumento do bem-estar da sociedade e da família e dificulta o pleno desenvolvimento das potencialidades da mulher para prestar serviço a seu país e à humanidade.

Especifica também, em seu artigo 1º, o que é violência contra a mulher:

> Para fins da presente Convenção, a expressão "discriminação contra a mulher" significará toda distinção, exclusão ou restrição baseada no sexo e que tenha por objeto ou resultado prejudicar ou anular o reconhecimento, gozo ou exercício pela mulher, independentemente de seu estado civil, com base na igualdade do homem e da mulher, dos direitos humanos e liberdades fundamentais nos campos político, econômico, social, cultural e civil ou em qualquer outro campo.

A Convenção, na verdade, somente especificou e reforçou o que já estava previsto na Declaração Universal dos Direitos Humanos e em outros documentos internacionais posteriores, mas que não estavam sendo aplicados em relação às mulheres.

Foi a Convenção que mais recebeu reservas por parte dos Estados signatários, principalmente em relação à igualdade entre homem e mulher na família, justificadas com argumentos religiosos e culturais. Alguns países chegaram a acusar o Comitê sobre a Eliminação da Discriminação contra a Mulher de intolerância religiosa e imperialismo por impor a igualdade entre homens e mulheres até na família. (PIOVESAN, 2012)

O Brasil assinou a Convenção em 1981, com ressalvas em relação ao capítulo que tratava da família, visto que o Código Civil de 1916 trazia o homem como chefe da sociedade conjugal. Com a promulgação da Constituição de 1988, que trazia a igualdade como direito fundamental e explicitamente no artigo 126, §5°, a igualdade entre homem e mulher na família, o Brasil passou a ratificar integralmente a Convenção, cumprindo os compromissos assumidos internacionalmente. (BARSTED, 2001) Em 2002, o Brasil ratificou o Protocolo Facultativo à Convenção, através do Decreto 4.316/2002, reconhecendo a competência do Comitê sobre a Eliminação da Discriminação contra a Mulher.

A CEDAW embasou a primeira, e até o momento única, condenação do Estado Brasileiro no âmbito da ONU, no caso Alyne da Silva Pimentel Teixeira ("Alyne") vs. Brasil, primeiro caso sobre mortalidade materna apresentado perante o Comitê da Convenção para Eliminação de Todas as Formas de Discriminação contra a Mulher.

Alyne era uma mulher de 28 anos, negra, pobre e periférica, que buscou assistência na rede pública de saúde do Rio de Janeiro, em novembro de 2002, no sexto mês de gravidez. Após sofrer um aborto, passar por cirurgia tardia para retirada da placenta e sofrer de dores, em situação crítica, por horas, Alyne finalmente foi removida ao Hospital Geral de Nova Iguaçu, onde aguardou sozinha por mais de 20 horas em local improvisado no corredor, até morrer, deixando uma filha de 05 anos de idade.

O Estado Brasileiro foi condenado após reclamação apresentada ao Comitê CEDAW, em 2007, pela mãe de Alyne, a Sra. Maria de Lourdes da Silva Pimentel, representada pela Advocacia Cidadã pelos Direitos Humanos (Advocaci) e pelo *Center of Reproductive Rights*. (LARDOSA, 2018)

> A reclamação arguiu a violação, pelo Estado brasileiro, do direito de Alyne ao acesso à justiça (art. 2º), do direito à saúde sem discriminação (art. 12) e do direito à vida (art. 1º).7 A decisão da CEDAW, por sua vez, reconheceu a obrigação imediata do Brasil de abordar e reduzir a mortalidade materna sob uma perspectiva de direitos humanos e também influenciou a adoção da Orientação Técnica sobre Mortalidade

Materna emitida pelo Gabinete do Alto Comissário para Direitos Humanos.

No ano de 1989, é adotada pela ONU a Convenção sobre os Direitos da Criança, instrumento de direitos humanos mais aceito da história, ratificado em 196 países. A Convenção estabelece como princípio o Melhor interesse da criança e garante a todas as meninas e meninos a proteção da infância, livre de discriminação e violência, além de instar os Estados à garantir assistência pré e pós natal às mulheres.

Em 1993, a Declaração e o Programa de Ação da Conferência Mundial de Direitos Humanos, realizada pela ONU em Viena, ao afirmar que "Os Direitos Humanos das mulheres e das crianças do sexo feminino constituem uma parte inalienável, integral e indivisível dos Direitos Humanos universais." foi muito importante para fixar os direitos das mulheres como Direitos Humanos. "Em Viena, as Nações Unidas reconheceram que a promoção e a proteção dos direitos humanos das mulheres devem ser questões prioritárias para a comunidade internacional." (BARSTED, 2001, p. 3) Neste contexto, foi elaborada no mesmo ano a Declaração sobre a Eliminação da Violência Contra a Mulher.

A Organização dos Estados Americanos (OEA), em 1994, deu força coercitiva aos termos da Declaração através da Convenção para Prevenir, Punir e Erradicar a Violência Contra a Mulher, também conhecida como Convenção de Belém do Pará. A Convenção de Belém do Pará reconhece que a violência contra a mulher constitui grave violação dos Direitos Humanos. Define a violência contra mulher:

> Artigo 1º - Para os efeitos desta Convenção, entender-se-á por violência contra a mulher qualquer ato ou conduta baseada no gênero, que cause morte, dano ou sofrimento físico, sexual ou psicológico à mulher, tanto na esfera pública como na esfera privada.

Destaca-se que violência de gênero ocorre quando "um ato é dirigido contra uma mulher, porque é mulher, ou quando atos afetam as mulheres de forma desproporcional." (PIOVESAN, 2012). Ela reflete as relações de poder e opressão historicamente existentes entre homens e mulheres.

A Convenção elenca um importante número de direitos que devem ser assegurados às mulheres e cria para os Estados signatários a obrigação de elaborar políticas públicas e serviços destinados a prevenir e punir a violência contra a mulher. É um documento extremamente importante para os direitos das mulheres, em razão de ser o primeiro documento internacional a reconhecer a "violência contra as mulheres como um fenômeno generalizado, que alcança, sem distinção de raça, classe, religião, idade ou qualquer outra condição, um elevado número de mulheres." (PIOVESAN, 2012)

O Brasil aprovou a Convenção Interamericana para Prevenir, Punir e Erradicar a Violência contra a Mulher através do Decreto Legislativo Nº 107, de 31 de agosto de 1995 e ratificou-a através do Decreto nº 1.973, em 1º de agosto de 1996.

Com base na Convenção de Belém do Pará, o Estado Brasileiro foi condenado, no talvez mais famoso caso brasileiro perante as cortes internacionais, pela negligência em face à violência sofrida por Maria da Penha Maia Fernandes. Maria da Penha sofreu por anos violência física e psicológica do marido. Tinha 38 anos quando, na madrugada de 29 de maio de 1983, o marido Marco Antonio Heredia Viveros tentou assassiná-la com um tiro nas costas. O tiro a deixou paraplégica e, após retornar para casa, o marido tentou eletrocutá-la durante o banho.

Depois de falhar em duas tentativas de assassinato, o marido deixou-a, e Maria da Penha finalmente pode procurar a polícia para registrar as agressões. Sua luta por justiça perdurou por quase 20 anos, com Marco Antonio sendo condenado por duas vezes perante o tribunal do júri, em 1991 e 1996. Após sucessivos recursos, sem que o réu jamais tenha sido preso, e correndo o prazo de prescrição, em 1997 Maria da Penha apresentou petição perante a Comissão Interamericana de Direitos Humanos (CIDH).

> Diante dessa morosidade, Maria da Penha levou seu caso, juntamente com o Centro pela Justiça e o Direito Internacional (CEJIL) e o Comitê Latino-Americano de Defesa dos Direitos da Mulher (Cladem) à Comissão Interamericana de Direitos Humanos. Em 2001, o Brasil foi penalizado por omissão e negligência ao que diz respeito à violência doméstica e, como cumprimento da sanção, na qual o Brasil deveria, entre outras medidas, criar políticas públicas para a prevenção, editou-se em 2006 a Lei 11.340 – a Lei Maria da Penha.

O ex-marido foi preso somente em 2002, 19 anos após o crime, cumprindo 8 anos e seis meses de prisão. Maria da Penha deu nome à Lei para coibir e prevenir a violência doméstica e familiar contra a mulher, e tornou-se símbolo da luta contra a violência doméstica.

Não se pode deixar de falar da IV Conferência

das Nações Unidas sobre a Mulher, realizada em Pequim, em setembro de 1995, mais um importante passo na luta pela efetivação dos direitos das mulheres. A Conferência de Pequim realizou uma avaliação dos avanços conquistados desde as conferências anteriores e dos obstáculos que impediam o exercício pleno dos direitos garantidos nos textos internacionais.

A Declaração e a Plataforma de Ação de Pequim identificaram doze áreas que necessitavam de atenção prioritária e traçaram um conjunto de objetivos estratégicos e as ações necessárias para atingi-los. (VIOTTI, 1995).

Como reflexo dos debates ocorridos durante a Conferência de Pequim, que contou com a participação de ativistas brasileiras, o Congresso Nacional aprovou, por meio da Lei n. 9.100/1995, a reserva de 20% das candidaturas para as mulheres nas listas eleitorais de partidos ou coligações, para as eleições proporcionais.

Observando o crescimento exponencial das mulheres encarceradas, a ONU editou em 2010 as chamadas "Regras de Bangkok", Regras das Nações Unidas para o tratamento de mulheres presas e medidas não privativas de liberdade para mulheres infratoras, com recomendações aos Estados pela adoção de políticas públicas e instalações que observem as necessidades e características específicas das mulheres, visando garantir seus direitos também durante a privação de liberdade.

A Assembleia Geral das Nações Unidas, realizada em Nova York, em setembro de 2015, com a participação de 193 Estados membros, estabeleceu 17 objetivos de desenvolvimento sustentável. A ONU lançou a Agenda 2030, um plano global de ação, através de objetivos e metas, a serem alcançadas em áreas consideradas cruciais para o desenvolvimento sustentável do planeta. Entre os 17 Objetivos de Desenvolvimento Sustentável, o Objetivo 5 é "Alcançar a igualdade de gênero e empoderar todas as mulheres e meninas.", entre outros objetivos como a assegurar a educação equitativa e reduzir as desigualdades sociais. (ONU, 2020)

Por fim, é importante destacar mais uma recente condenação do Brasil no âmbito das cortes internacionais de direitos humanos. O caso Márcia Barbosa de Sousa e outros *vs.* Brasil destaca a persistência da omissão estatal na investigação e punição dos crimes praticados contra mulheres. O caso ainda expõe a necessidade de uma análise interseccional de opressões e destaca o perfil das mulheres mortas no Brasil: jovem, negra e pobre.

Márcia era uma jovem estudante de 20 anos, do interior da Paraíba, que foi assassinada em 1998 após um encontro amoroso com o Deputado Estadual Aércio Pereira de Lima, de 54 anos, casado e em seu quinto mandato. A investigação foi atravessada por questionamentos acerca da conduta moral da vítima e o processo atravancado pela imunidade parlamentar do réu. O réu somente foi condenado pelo crime em 2007 e aguardava o julgamento do recurso em liberdade, quando faleceu de infarto em 2008. Seu corpo foi velado no Salão Nobre da Assembleia Legislativa e foi decretado luto oficial por três dias. A justiça tardou e falhou com Márcia.

O Estado Brasileiro foi condenado em 2021, na Corte Interamericana de Direitos Humanos (Corte IDH), pelas falhas na investigação e punição dos culpados, bem como pela falta de uma perspectiva de gênero na apuração do delito, destacando a Corte IDH a violência contra as mulheres no Brasil como um problema estrutural e generalizado.

A Corte assevera que há "fortes indícios" de tratar-se de um crime de violência de gênero e que, nesse caso, "a falta de investigação por parte das autoridades sobre possíveis motivos discriminatórios de um ato de violência contra a mulher pode constituir em si mesmo uma forma de discriminação baseada no gênero"

(§§124-125). Essa ineficácia gera a impunidade e consequentemente a "repetição" das ações violentas e sinaliza que essa violência "pode ser tolerada e aceita", o que gera insegurança e desconfiança no sistema de administração de justiça, constituindo "discriminação à mulher no acesso à justiça" (§ 125), questão analisada em diversos outros casos da CorteIDH. (BUCCI; REIS, 2021)

O Brasil tem buscado dar cumprimento às condenações internacionais, especialmente em relação às medidas de não repetição, essenciais para que Marias e Márcias deixem de ser relembradas como vítimas.

3 A MULHER NO DIREITO CONSTITUCIONAL BRASILEIRO

3.1 "Todos são iguais perante a lei" - A igualdade formal

A história da mulher brasileira e sua representação na lei não difere muito da história da mulher no mundo feito por homens e para homens. Citando Poullain de La Barre, "os que fizeram e compilaram as leis, por serem homens, favoreceram seu proprio sexo, e os jurisconsultos transformaram as leis em princípios" (BEAUVOIR, 1967).

O Brasil nasce da violência contra a mulher indígena e da subjugação das mulheres negras escravizadas, meras posses de seus senhores. Às demais, restava a dominação pela religião e pelos costumes.

A primeira Constituição brasileira, ainda no Brasil Império, foi outorgada por Dom Pedro I em 25 de março de 1824. Embora a Constituição do Império declarasse, em seu art. 179, inciso XIII, que a lei seria igual para todos, tanto em suas recompensas quanto em seus castigos, a previsão não alcançava as mulheres. A definição de cidadania se referia somente aos "cidadãos brasileiros", no gênero masculino, e o direito ao voto era concedido aos homens livres e possuidores de renda.

O advento da República não trouxe grandes mudanças ao cenário, e a Constituição de 1891 manteve a utilização dos termos "cidadãos" e "brasileiros", excluindo as mulheres da cidadania formal.

Somente após a luta das sufragistas, já melhor explanada em tópico próprio, as mulheres brasileiras conquistaram a efetivação da cidadania:

> a Carta de 1934 conferiu às mulheres o direito ao voto, bem como vedou expressamente privilégios e distinções por motivo de sexo, vedação que se estendia, inclusive, ao pagamento de salários diferenciados. Será ainda, sob o primeiro Governo Vargas que se assegurará assistência médica e sanitária à gestante, antes e depois do parto, sem prejuízo do salário e do

emprego, garantia que se repetiria nas Leis Maiores de 1937, 1946 e 1967, emendada em 69. (ROCHA, 2018)

A verdadeira mudança, porém, somente foi assegurada pela Constituição Brasileira de 1988, que traz em seu texto:

Art. 5º Todos são iguais perante a lei, sem distinção de qualquer natureza, garantindo-se aos brasileiros e aos estrangeiros residentes no País a inviolabilidade do direito à vida, à liberdade, à igualdade, à segurança e à propriedade, nos termos seguintes:

I - **homens e mulheres são iguais em direitos e obrigações**, nos termos desta Constituição; [...] (BRASIL, 1988) "grifo nosso"

A Constituição Brasileira de 1988 representou uma verdadeira mudança de paradigma, trazendo um extenso rol de direitos e garantias fundamentais e sendo considerada umas das mais completas e importantes constituições sociais do mundo. Isso se deve à incessante mobilização das 26 mulheres eleitas em 1986 para a Assembleia Nacional Constituinte, a chamada "Bancada do Batom", que se articularam em torno das reivindicações da "Carta da Mulher Brasileira aos Constituintes", entregue a Ulysses Guimarães, presidente da Assembleia Nacional Constituinte. Cerca de 80% das propostas foram aprovadas e

> a luta exitosa do movimento feminino se evidenciou na vigente Constituição de 1988 que garante a isonomia jurídica entre homens e mulheres especificamente no âmbito familiar; que proíbe a discriminação no mercado de trabalho por motivo de sexo protegendo a mulher com regras especiais de acesso; que resguarda o direito das presidiárias de amamentarem seus filhos; que protege a maternidade como um direito social; que reconhece o planejamento familiar como uma livre decisão do casal e, principalmente, que institui ser dever do Estado coibir a violência no âmbito das relações familiares, dentre outras conquistas. (ROCHA, 2018)

É a primeira Constituição brasileira a garantir, além da igualdade formal, a igualdade na família, a proteção da maternidade e da infância, o mercado de trabalho da mulher, o direito ao planejamento familiar, entre diversos outros direitos que se tornaram, assim, direitos constitucionais e portanto, princípio orientador de interpretação e parâmetro de constitucionalidade.

A partir da Constituição de 1988, observando a chamada "eficácia irradiante dos direitos fundamentais", as leis infraconstitucionais gradualmente se adaptaram à mulher em condição de igualdade legal, à exemplo do Código Civil e do Código Penal, em mudanças que serão melhor exploradas em tópico próprio.

Com fundamento nos princípios constitucionais, o Supremo Tribunal Federal (STF) vem dando nova interpretação à legislação infraconstitucional e chancelando modificações positivas no âmbito dos direitos da mulher. Neste sentido, cita-se a possibilidade de interrupção da gravidez de feto anencéfalo (ADPF 54, 2012); a declaração de inconstitucionalidade de trechos de dispositivos da Reforma Trabalhista (Lei 13.467/2017) que admitiam a possibilidade de trabalhadoras grávidas e lactantes desempenharem atividades insalubres (ADI 5938, 2019); a decisão de que o menor tempo de contribuição das mulheres não pode ser utilizado para reduzir a concessão de benefício em planos de complementação da aposentadoria, por ferir o princípio da isonomia (RE 639138, 2021); o reconhecimento da educação infantil como direito fundamental e a obrigação do Estado de garantir a matrícula de crianças de até cinco anos de idade (RE 1008166, 2022), entre outros.

1.2 Discriminação positiva e Ações afirmativas

A princípio, cumpre definir o que são ações afirmativas. Segundo a Secretária de Políticas de Promoção da Igualdade Racial (SEPPIR), da Presidência da República: "Ações afirmativas são políticas públicas feitas pelo governo ou pela iniciativa privada com o objetivo de corrigir desigualdades raciais presentes na sociedade, acumuladas ao longo de anos." (BRASIL, 2015)

As ações afirmativas nascem em contextos de desigualdades históricas, buscando garantir equidade. Este termo foi usado pela primeira vez nos Estados Unidos na década 60, nas políticas do governo para combater a desigualdade entre brancos e negros. O que surgiu dentro do contexto especificamente racial se espalhou para outros nichos cuja desigualdade sempre foi recorrente ao longo do tempo.

Para compreender a necessidade de uma

> ação afirmativa, é preciso, antes de tudo, compreender o contexto social vivido por um país, por isso o que gera preconceito por parte de setores da sociedade em muitos casos é analisar uma ação afirmativa sem antes entender o histórico que precedeu a política pública. (BRASIL, 2015)

O contexto histórico de discriminação da mulher já foi explanado neste trabalho, razão pela qual não será novamente descrito. Neste contexto de submissão e dominação histórica, a promoção da igualdade de gêneros necessita de medidas mais potentes além da simples igualdade formal.

A igualdade entre homens e mulheres foi elevada ao *status* de direito fundamental pela Constituição Federal de 1988, sempre visando a igualdade material.

> Assim é que a própria Constituição da República, tendo em mira o estabelecimento de uma igualdade material, em detrimento de uma igualdade meramente formal, estabeleceu algumas diferenças entre os sexos. Logo, com o objetivo

> precisamente de concretizar o princípio albergado no inciso I do art. 5º da CE, devem-se tratar desigualmente homens e mulheres, na medida das suas desigualdades. É justamente dentro desse conceito de igualdade material que se insere a ideia de concessão de vantagens específicas às trabalhadoras do sexo feminino, em função de suas circunstâncias próprias, como é o caso do intervalo de 15 minutos antes de iniciar uma jornada extraordinária de que trata o art. 384 da CLT. (MARTINS FILHO apud. ANDRADE, 2023)

No plano fático, como a mulher continuou a estar, sob muitos aspectos, em posição de vulnerabilidade - salários menores, tripla jornada, menor participação política e maior vítima de violência doméstica, por exemplo. Desta maneira, fez-se necessário buscar maneiras para adequar a previsão de igualdade da lei para a prática.

> [...] a igualdade há de subordinar-se às diferenças existentes entre os destinatários da norma, o que leva à conclusão da inexistência da igualdade

absoluta, que, caso configurada, criaria situações de absoluta desigualdade. Esse entendimento confirma que ao princípio da igualdade deve ser incluído o conceito de proporcionalidade. (RIOS, 2006)

A diferenciação de tratamento não busca privilegiar um grupo em detrimento do outro, mas sanar as diferenças existentes no mundo fático e alçar as mulheres à condição que os homens já ocupam. Assim, as ações afirmativas se inserem como forma de buscar igualdade material, ou seja, tratar desigualmente os desiguais. "Uma das formas de reverter a desigualdades é a aplicação da igualdade material pelo Judiciário, no julgamento de um caso concreto, a partir de uma discriminação positiva a favor das mulheres." (ANDRADE, 2023)

O Supremo Tribunal Federal (STF) já reconheceu a constitucionalidade das ações afirmativas, em julgamento favorável ao sistema de cotas étnico-raciais na seleção para ingresso no ensino superior público, como ação afirmativa de inclusão social e efetivação da igualdade material, afirmando que ações afirmativas não violam o princípio da isonomia (STF, 2012).

No mesmo ano, o Tribunal reconheceu expressamente a constitucionalidade da Lei Maria da Penha, no julgamento da Ação Declaratória de Constitucionalidade (ADC) n. 19. A Lei n. 11.340/2006, criada com o escopo de coibir e prevenir a violência doméstica e familiar contra a mulher, sofreu diversas críticas e teve sua constitucionalidade questionada exatamente por trazer como vítima somente a mulher. A existência da lei se justifica, por óbvio, na maior exposição da mulher à violência doméstica, conforme será abordado em momento próprio.

O Supremo reafirmou que a igualdade material decorre do tratamento diferenciado de indivíduos em situações diferentes. "O artigo 1º da Lei nº 11.340/06 surge, sob o ângulo do tratamento diferenciado entre os gêneros – mulher e homem –, harmônica com a Constituição Federal, no que necessária a proteção ante as peculiaridades física e moral da mulher e a cultura brasileira." (STF, 2012)

No âmbito da participação política, em que pese a reserva de percentual de candidaturas às mulheres ser prevista em lei desde 1995, as candidaturas femininas foram ignoradas pelos partidos políticos por anos, até que os Tribunais Eleitorais passassem a impugnar listas partidárias que descumprissem a legislação. Com a criação do Fundo Eleitoral, pela Lei n. 13.487/2017, as candidaturas femininas novamente foram ignoradas. As mulheres poderiam se candidatar, mas sem qualquer investimento, sem voz e sem vez.

Assim, a questão chegou ao Supremo por meio da Ação Direta de Inconstitucionalidade (ADIn) n. 5617, que afirmou que a autonomia partidária não isenta os partidos políticos de respeitarem os direitos fundamentais, entre estes o princípio da igualdade material. Decidiu:

> Ação direta julgada procedente para: (i) declarar a inconstitucionalidade da expressão "três" contida no art. 9º da Lei 13.165/2015; (ii) dar interpretação conforme à Constituição ao art. 9º da Lei 13.165/2015 de modo a (a) equiparar o patamar legal mínimo de candidaturas femininas (hoje o do art. 10, § 3º, da Lei 9.504/1997, isto é, ao menos 30% de cidadãs), ao mínimo de recursos do Fundo Partidário a lhes serem destinados, que deve ser interpretado como também de 30% do montante do fundo alocado a cada partido, para eleições majoritárias e proporcionais, e (b) fixar que, havendo percentual mais elevado de candidaturas femininas, o mínimo de recursos globais do partido

destinados a campanhas lhes seja alocado na mesma proporção; (iii) declarar a inconstitucionalidade, por arrastamento, do § 5º-A e do § 7º do art. 44 da Lei 9.096/95. (STF, 2018).

As ações afirmativas de participação política das mulheres passaram, assim, a incidir não apenas nas candidaturas, mas também na distribuição de recursos para financiamento das campanhas e no tempo de propaganda eleitoral. "Com a decisão, pela primeira vez o Brasil chegou à eleição de 15% das cadeiras da Câmara dos Deputados por mulheres, um notável crescimento de 50% na eleição de deputadas federais entre 2014 e 2018. Neste mesmo pleito, o crescimento nas Assembleias Legislativas foi de 38%." (MARQUES, 2024).

Em 2022, foi promulgada a Emenda Constitucional n. 117/2022, que torna constitucional a ação afirmativa de garantia das candidaturas femininas nas eleições brasileiras.

Temos diversos outros exemplos da ocorrência de discriminação positiva, tanto no âmbito legislativo quanto pelo Poder Judiciário, a demonstrar que a busca pela igualdade material para as mulheres exige ações concretas.

4 A MULHER NO DIREITO CIVIL

4.1 De incapaz a sujeita de direitos

A mulher, à época do Brasil Império, sequer era considerada cidadã. Com o advento do Código Civil de 1916, porém, ganhou status mais elevado. Ao se casar, tornava-se relativamente incapaz. Assim previa o art. 6º, inciso II, do Código Civil de 1916:

> Art. 6. São incapazes, relativamente a certos atos (art. 147, n. 1), ou à maneira de os exercer:
>
> II. As mulheres casadas, enquanto subsistir a sociedade conjugal.

Ao homem era dado o exercício do pátrio poder e a chefia da sociedade conjugal. Ao marido competia a autoridade sobre esposa e filhos, e a prática de atos da vida civil pela mulher era condicionada à autorização, inclusive para exercício de profissão:

> Art. 242. A mulher não pode, sem autorização do marido (art. 251):
>
> I. Praticar os atos que este não poderia sem o consentimento da mulher (art. 235).
>
> II. Alienar, ou gravar de onus real, os imóveis de seu domínio particular, qualquer que seja o regime dos bens (arts. 263, nº II, III, VIII, 269, 275 e 310).
>
> III. Alienar os seus direitos reais sobre imóveis de outra.
>
> IV. Aceitar ou repudiar herança ou legado.
>
> V. Aceitar tutela, curatela ou outro munus público.
>
> VI. Litigiar em juízo civil ou comercial, anão ser nos casos indicados nos arts. 248 e 251.
>
> VII. Exercer profissão (art. 233, nº IV).
>
> VIII. Contrair obrigações, que possam

importar em alheação de bens do casal.

IX. Acceitar mandato (art. 1.299). (BRASIL, 1916)

Assim, a mulher não podia trabalhar, negociar seus próprios bens, ajuizar ações ou mesmo receber herança sem a autorização do marido. Era, na lei e na prática, incapaz. A possibilidade de suprimento judicial da autorização do marido para exercer profissão ou alienar bens só lhe era possível se provado que o esposo não cumpria seu dever de sustento e fornecia meios de subsistência à família (art. 245, II, CC/16), reforçando o modelo patriarcal de homem provedor e mulher submissa.

O desquite colocava fim à sociedade conjugal - mas não ao casamento, que só era dissolvido pela morte dos cônjuges - podendo ser restabelecida a qualquer tempo, e só podia ser pleiteado com base em algum dos restritos fundamentos:

> Art. 317. A ação de desquite só se pode fundar em algum dos seguintes motivos: (Revogado pela Lei nº 6.515, de 1977)
>
> I. Adultério. (Revogado pela Lei nº 6.515, de 1977)
>
> II. Tentativa de morte. (Revogado pela Lei nº 6.515, de 1977)

III. Sevicia, ou injuria grave. (Revogado pela Lei n° 6.515, de 1977)

IV. Abandono voluntário do lar conjugal, durante dois anos contínuos. (Revogado pela Lei n° 6.515, de 1977) (BRASIL, 1916)

O CC/16 trazia também a previsão da culpa no matrimônio, e em caso de desquite, só caberia a fixação de alimentos à mulher que fosse pobre e inocente, ou seja, não houvesse praticado o adultério. A mulher condenada na ação de desquite perdia o direito de usar o nome do marido (art. 324, CC/16), cuja assunção era obrigatória quando do casamento (art. 240).

Por muitos anos, as mulheres foram mantidas presas, moral ou legalmente, a casamentos infelizes e até mesmo violentos, pois sua existência, capacidade e subsistência esteve por séculos atrelada ao matrimônio.

À mulher só era dado existir enquanto esposa.

O primeiro grande avanço se deu com a edição do Estatuto da Mulher Casada (Lei n. 4.121/62), que eliminou a incapacidade relativa da mulher casada e lhe deu autonomia para o exercício profissional, prevendo expressamente a colaboração da mulher na "chefia" da sociedade conjugal (arts. 233 e 380), que ainda era exercida pelo marido.

Com a Lei do Divórcio (Lei n. 6.515/1977), a mulher não era mais obrigada a adotar o sobrenome do marido e o casamento poderia, enfim, ser dissolvido, possibilitando que os cônjuges divorciados seguissem seus caminhos. (ANDRIGHI; MAZZOLA, 2019)

Porém, a verdadeira guinada no entendimento da mulher como sujeito de direitos veio com a Constituição de 1988, que ampliou o conceito de família, assegurando à esta a proteção estatal, e previu expressamente a igualdade entre homem e mulher, inclusive intrafamiliar:

> Art. 226. A família, base da sociedade, tem especial proteção do Estado.
>
> [...]
>
> § 5º Os direitos e deveres referentes à sociedade conjugal são exercidos igualmente pelo homem e pela mulher. (BRASIL, 1988)

A equiparação foi ponto de partida para modificação da legislação infraconstitucional e, após intensos debates, em 2002 foi promulgado o novo Código Civil (Lei n. 10.406/2022). O Código Civil de 2002 (CC/02), atento à isonomia e à dignidade da pessoa humana, agora alçados à posição de direitos fundamentais, representou uma profunda mudança no Direito Civil Brasileiro. Com o CC/02, a capacidade civil plena da "pessoa" passou a ser adquirida aos 18 anos, independentemente do gênero e da situação conjugal. Com as modificações trazidas pela Lei n. 13.146/2015, atualmente a incapacidade relativa subsiste no ordenamento jurídico brasileiro somente quanto aos maiores de 16 anos e menores de 18 anos.

Com isso, a mulher não tem mais qualquer restrição, justificada apenas em razão do gênero, à titularidade dos direitos da personalidade, capacidade civil plena, ao exercício dos atos da vida civil e à livre disposição de seu corpo, seus bens e seus direitos. É, finalmente, sujeita de direito(s).

O acréscimo do sobrenome por ocasião do casamento tornou-se opcional e pode ser exercido por ambos os cônjuges (art. 1.565, §1º).

O novo Código trouxe também a modificação do chamado "pátrio poder", substituído pela expressão "poder familiar", que passa a ser exercido por ambos os pais, em conjunto. Assim previu o art. 1.631:

> 1.631. Durante o casamento e a união estável, compete o poder familiar aos pais; na falta ou impedimento de um deles, o outro o exercerá com exclusividade.

> Parágrafo único. Divergindo os pais quanto ao exercício do poder familiar, é assegurado a qualquer deles recorrer ao juiz para solução do desacordo. (BRASIL, 2002)A

A modificação legislativa traz o compartilhamento dos direitos e deveres no exercício da criação e educação dos filhos, em igualdade, por ambos os pais. Traz também a possibilidade de exercício exclusivo do poder familiar por um só dos pais, e acompanha uma realidade fática, a de famílias cuidadas e chefiadas exclusivamente por mulheres. "Entre os anos de 2012 e 2022 o número de domicílios com mães solo cresceu 17,8%, passando de 9,6 milhões para 11,3 milhões. Ou seja, ocorreu um incremento de 1,7 milhão de mães solo em dez anos [...]". (FEIJÓ, 2023).

A chamada "constitucionalização do Direito Civil" trouxe à lume a observância dos direitos fundamentais mesmo nas relações privadas e a busca ao atendimento aos fins sociais da norma, princípios que se refletem nas relações civis e familiares.

Também a jurisprudência dos Tribunais Superiores vem se posicionando, cada vez mais, a favor da prevalência dos fins sociais e da dignidade da pessoa humana na interpretação das normas, em especial nas referentes aos direitos da personalidade.

Neste sentido, o Superior Tribunal de Justiça (STJ), órgão cuja função precípua é uniformizar a interpretação da lei federal no país, em decisão importantíssima, fixou que as pessoas transexuais podem requerer a retificação de nome e gênero no registro civil, sem que tenham que necessariamente passar por cirurgia de redesignação sexual:

> RECURSO ESPECIAL. AÇÃO DE RETIFICAÇÃO DE REGISTRO DE NASCIMENTO PARA A TROCA DE PRENOME E DO SEXO (GÊNERO) MASCULINO PARA O FEMININO. PESSOA TRANSEXUAL. DESNECESSIDADE DE CIRURGIA DE TRANSGENITALIZAÇÃO.
>
> 1. À luz do disposto nos artigos 55, 57 e 58 da Lei 6.015/73 (Lei de Registros Públicos), infere-se que o princípio da imutabilidade do nome, conquanto de ordem pública, pode ser mitigado quando sobressair o interesse individual ou o benefício social da alteração, o que reclama, em todo caso, autorização judicial, devidamente motivada, após

audiência do Ministério Público.

2. Nessa perspectiva, observada a necessidade de intervenção do Poder Judiciário, admite-se a mudança do nome ensejador de situação vexatória ou degradação social ao indivíduo, como ocorre com aqueles cujos prenomes são notoriamente enquadrados como pertencentes ao gênero masculino ou ao gênero feminino, mas que possuem aparência física e fenótipo comportamental em total desconformidade com o disposto no ato registral.

3. Contudo, em se tratando de pessoas transexuais, a mera alteração do prenome não alcança o escopo protetivo encartado na norma jurídica infralegal, além de descurar da imperiosa exigência de concretização do princípio constitucional da dignidade da pessoa humana, que traduz a máxima antiutilitarista segundo a qual cada ser humano deve ser compreendido como um fim em si mesmo e não como um meio para a realização de finalidades

alheias ou de metas coletivas.

4. Isso porque, se a mudança do prenome configura alteração de gênero (masculino para feminino ou vice-versa), a manutenção do sexo constante no registro civil preservará a incongruência entre os dados assentados e a identidade de gênero da pessoa, a qual continuará suscetível a toda sorte de constrangimentos na vida civil, configurando-se flagrante atentado a direito existencial inerente à personalidade.

5. Assim, a segurança jurídica pretendida com a individualização da pessoa perante a família e a sociedade - ratio essendi do registro público, norteado pelos princípios da publicidade e da veracidade registral - deve ser compatibilizada com o princípio fundamental da dignidade da pessoa humana, que constitui vetor interpretativo de toda a ordem jurídico-constitucional.

6. Nessa compreensão, o STJ, ao apreciar casos de transexuais

submetidos a cirurgias de transgenitalização, já vinha permitindo a alteração do nome e do sexo/gênero no registro civil (REsp 1.008.398/SP, Rel. Ministra Nancy Andrighi, Terceira Turma, julgado em 15.10.2009, DJe 18.11.2009; e REsp 737.993/MG, Rel. Ministro João Otávio de Noronha, Quarta Turma, julgado em 10.11.2009, DJe 18.12.2009).

7. A citada jurisprudência deve evoluir para alcançar também os transexuais não operados, conferindo-se, assim, a máxima efetividade ao princípio constitucional da promoção da dignidade da pessoa humana, cláusula geral de tutela dos direitos existenciais inerentes à personalidade, a qual, hodiernamente, é concebida como valor fundamental do ordenamento jurídico, o que implica o dever inarredável de respeito às diferenças.

8. Tal valor (e princípio normativo) supremo envolve um complexo de direitos e deveres fundamentais de todas as dimensões que protegem o indivíduo

de qualquer tratamento degradante ou desumano, garantindo-lhe condições existenciais mínimas para uma vida digna e preservando-lhe a individualidade e a autonomia contra qualquer tipo de interferência estatal ou de terceiros (eficácias vertical e horizontal dos direitos fundamentais).

9. Sob essa ótica, devem ser resguardados os direitos fundamentais das pessoas transexuais não operadas à identidade (tratamento social de acordo com sua identidade de gênero), à liberdade de desenvolvimento e de expressão da personalidade humana (sem indevida intromissão estatal), ao reconhecimento perante a lei (independentemente da realização de procedimentos médicos), à intimidade e à privacidade (proteção das escolhas de vida), à igualdade e à não discriminação (eliminação de desigualdades fáticas que venham a colocá-los em situação de inferioridade), à saúde (garantia do bem-estar biopsicofísico) e à felicidade (bem-estar geral).

10. Consequentemente, à luz dos direitos fundamentais corolários do princípio fundamental da dignidade da pessoa humana, infere-se que o direito dos transexuais à retificação do sexo no registro civil não pode ficar condicionado à exigência de realização da cirurgia de transgenitalização, para muitos inatingível do ponto de vista financeiro (como parece ser o caso em exame) ou mesmo inviável do ponto de vista médico.

11. Ademais, o chamado sexo jurídico (aquele constante no registro civil de nascimento, atribuído, na primeira infância, com base no aspecto morfológico, gonádico ou cromossômico) não pode olvidar o aspecto psicossocial defluente da identidade de gênero autodefinido por cada indivíduo, o qual, tendo em vista a ratio essendi dos registros públicos, é o critério que deve, na hipótese, reger as relações do indivíduo perante a sociedade.

12. Exegese contrária revela-se incoerente diante da consagração

jurisprudencial do direito de retificação do sexo registral conferido aos transexuais operados, que, nada obstante, continuam vinculados ao sexo biológico/cromossômico repudiado. Ou seja, independentemente da realidade biológica, o registro civil deve retratar a identidade de gênero psicossocial da pessoa transexual, de quem não se pode exigir a cirurgia de transgenitalização para o gozo de um direito.

13. Recurso especial provido a fim de julgar integralmente procedente a pretensão deduzida na inicial, autorizando a retificação do registro civil da autora, no qual deve ser averbado, além do prenome indicado, o sexo/gênero feminino, assinalada a existência de determinação judicial, sem menção à razão ou ao conteúdo das alterações procedidas, resguardando-se a publicidade dos registros e a intimidade da autora.

(REsp 1626739/RS, Rel. Ministro LUIS FELIPE SALOMÃO, QUARTA TURMA, julgado em 09/05/2017, DJe 01/08/2017)

(BRASIL, 2017)

Assim, os direitos da personalidade têm observado um paradigma constitucional de respeito aos direitos fundamentais.

Nesse âmbito, acerca do direito ao nome, o STJ decidiu também, em respeito aos direitos da personalidade, pela possibilidade de manutenção do nome de casada pela esposa, mesmo após o rompimento da união, em razão do transcurso do tempo que levou à incorporação do nome:

> DIREITO CIVIL. AGRAVO INTERNO NO AGRAVO EM RECURSO ESPECIAL. DIVÓRCIO. MANUTENÇÃO DO USO DO NOME DE CASADA. DIREITO INDISPONÍVEL. DIREITO AO NOME, ENQUANTO ATRIBUTO DO DIREITO DA PERSONALIDADE, QUE MERECE PROTEÇÃO, INCLUSIVE EM RAZÃO DO LONGO TEMPO DE USO CONTÍNUO. AGRAVO INTERNO DESPROVIDO.
>
> 1. O art. 1.578 do Código Civil prevê a perda do direito de uso do nome de casado para o caso de o cônjuge ser declarado culpado na ação de separação judicial. Mesmo nessas hipóteses,

porém, a perda desse direito somente terá lugar se não ocorrer uma das situações previstas nos incisos I a III do referido dispositivo legal. Assim, a perda do direito ao uso do nome é exceção, e não regra (AgRg no AREsp 204.908/RJ, Rel. Ministro RAUL ARAÚJO, QUARTA TURMA, julgado em 04/11/2014, DJe de 03/12/2014).

2. "Conquanto a modificação do nome civil seja qualificada como excepcional e as hipóteses em que se admite a alteração sejam restritivas, esta Corte tem reiteradamente flexibilizado essas regras, interpretando-as de modo histórico-evolutivo para que se amoldem a atual realidade social em que o tema se encontra mais no âmbito da autonomia privada, permitindo- se a modificação se não houver risco à segurança jurídica e a terceiros. Precedentes" (REsp 1.873.918/SP, Relatora Ministra NANCY ANDRIGHI, TERCEIRA TURMA, DJe de 4/3/2021) e (AgInt na HDE 3.471/EX, Rel. Ministro HUMBERTO MARTINS, CORTE

ESPECIAL, julgado em 25/05/2021, DJe de 27/05/2021).

3. A pretensão de alteração do nome civil para exclusão do patronímico adotado pelo cônjuge virago, em razão do casamento, por envolver modificação substancial em um direito da personalidade, é inadmissível quando ausentes quaisquer circunstâncias que justifiquem a alteração, especialmente quando o sobrenome se encontra incorporado e consolidado em virtude de seu uso contínuo, como no presente caso, isto é, por quase 20 anos.

4. Agravo interno desprovido.

(AgInt no AREsp n. 1.550.337/SP, relator Ministro Raul Araújo, Quarta Turma, julgado em 4/3/2024, DJe de 11/3/2024.)

Seguindo a mesma lógica, decidiu também pela possibilidade de acréscimo do sobrenome do cônjuge mesmo após a celebração do casamento (STJ. 4ª Turma. REsp 910.094-SC, Rel. Raul Araújo, julgado em 4/9/2012.) e retirada do sobrenome após o falecimento do cônjuge:

CIVIL. PROCESSUAL CIVIL. AÇÃO DE

RESTABELECIMENTO DE NOME DE SOLTEIRO. DIREITO AO NOME. ATRIBUTO DA PERSONALIDADE E VETOR DE DIGNIDADE DA PESSOA HUMANA. RETORNO AO NOME DE SOLTEIRO APÓS O FALECIMENTO DO CÔNJUGE. POSSIBILIDADE. QUESTÃO SOCIALMENTE MENOS RELEVANTE NA ATUALIDADE. AUTONOMIA DA VONTADE E DA LIBERDADE. PROTEÇÃO DO CÔNJUGE SOBREVIVENTE DE ABALOS EMOCIONAIS, PSICOLÓGICOS OU PROFISSIONAIS. PLAUSIBILIDADE DA JUSTIFICATIVA APRESENTADA. REPARO DE DÍVIDA MORAL COM O PATRIARCA CUJO PATRONÍMICO FOI SUBSTITUÍDO POR OCASIÃO DO CASAMENTO. DISSÍDIO JURISPRUDENCIAL. AUSÊNCIA DE COTEJO ANALÍTICO.

1- Ação distribuída em 10/07/2012. Recurso especial interposto em 22/07/2013 e atribuídos à Relatora em 25/08/2016.

2- O propósito recursal é definir se o

restabelecimento do nome de solteiro apenas é admissível na hipótese de dissolução do vínculo conjugal por divórcio ou se também seria admissível o restabelecimento na hipótese de dissolução do vínculo conjugal pelo falecimento do cônjuge.

3- O direito ao nome é um dos elementos estruturantes dos direitos da personalidade e da dignidade da pessoa humana, pois diz respeito à propriedade identidade pessoal do indivíduo, não apenas em relação a si, como também em ambiente familiar e perante a sociedade.

4- Impedir a retomada do nome de solteiro na hipótese de falecimento do cônjuge implicaria em grave violação aos direitos da personalidade e à dignidade da pessoa humana após a viuvez, especialmente no momento em que a substituição do patronímico é cada vez menos relevante no âmbito social, quando a questão está, cada dia mais, no âmbito da autonomia da vontade e da liberdade e, ainda, quando a manutenção do nome pode, em tese, acarretar ao cônjuge sobrevivente abalo de natureza emocional, psicológica ou profissional, em descompasso, inclusive, com o que preveem as mais contemporâneas legislações civis.

5- Na hipótese, a justificativa apresentada pela parte - reparação de uma dívida moral com o genitor, que foi contrário à assunção do patronímico do cônjuge, e com isso atingir a sua paz interior - é mais do que suficiente para autorizar a retomada do nome de solteiro pelo cônjuge sobrevivente.

6- Não se conhece do recurso especial interposto ao fundamento de dissídio jurisprudencial se ausente o cotejo analítico dos julgados supostamente divergentes.

7- Recurso especial conhecido em parte e, nessa extensão, provido.

(REsp 1724718/MG, Rel. Ministra NANCY ANDRIGHI, TERCEIRA TURMA, julgado em 22/05/2018, DJe 29/05/2018) (BRASIL, 2018)

Temos, assim, o nome como um exemplo da evolução dos direitos civis das mulheres brasileiras - deixou de ser uma imposição à mulher com o casamento, tornando-se uma escolha que pode, inclusive, desvincular-se do matrimônio, em claro exemplo de verdadeiro direito da personalidade, ao amparo do princípio da dignidade da pessoa humana.

5 A MULHER NO DIREITO PENAL

5.1 A "mulher honesta" - História do Direito Penal

Ao longo da história do Direito Penal, nunca houve uma especial preocupação com o papel da mulher. Sua principal posição a ser considerada sempre foi a de vítima, visto que, dentro de sua posição dominada e subserviente, imaginá-la como criminosa era custoso ao legislador.

Desse modo, a atenção da legislação penal historicamente foi na mulher como vítima e em "diferenciar quais as categorias de mulheres que poderiam protagonizar esse papel" (MELLO, 2010, p. 2). Assim, para que estivesse sob a proteção do Direito Penal, a mulher deveria corresponder aos preceitos sociais de "honestidade". Caso não os atendesse, não era mais a vítima e sim, provocadora do delito, não merecendo a tutela penal e podendo ser inclusive responsabilizada pelo crime que havia sofrido.

Nosso ordenamento jurídico, fruto de uma sociedade machista e com viés claramente religioso, categorizava as mulheres de acordo com seu comportamento sexual, diferenciando a honestidade feminina da honestidade masculina (MELLO, 2010): virgem, honesta, prostituta. Nunca somente mulher.

As Ordenações Filipinas, lei vigente no Brasil Império, permitia ao marido castigar fisicamente a mulher (assim como seus filhos e escravos), desde que não usasse armas, e previa punição ao homem que dormisse com mulher "virgem, ou viúva honesta, ou escrava branca de guarda." (BRASIL, 1818).

A suprema, e idealizada, mulher honesta era "não somente aquela cuja conduta, sob o ponto de vista da moral, é irrepreensível, senão também aquela que ainda não rompeu com o *minimum* de decência exigido pelos bons costumes" (HUNGRIA, 1981, p. 139)

A decência e honestidade da mulher estavam claramente relacionadas ao seu comportamento dentro dos padrões sociais da época, que se traduzia em um exemplo típico de perfil. "Trata-se da mulher casada, do lar, educadora dos filhos, sem trabalho externo." (OLIVEIRA, 2007) Esse conceito excluía da proteção penal quaisquer mulheres que não se adequassem ao padrão.

A expressão mulher honesta é um juízo

de valor, que de acordo com os ditames morais da época da redação do Código restringia a proteção a determinadas mulheres em relação aos crimes de posse sexual mediante fraude e atentado violento ao pudor mediante fraude. Dessa forma, tanto as prostitutas, quanto as mulheres consideradas promíscuas não eram abarcadas pela tutela do direito, dando-se pouca relevância ao coito fraudulento com tais pessoas. (SANCHES; TASQUETTO, 2011)

Dois aspectos interessantes merecem atenção ao observar-se este conceito. O primeiro diz respeito à situação da mulher dentro do casamento e o alcance do Direito Penal sobre este; e o segundo concerne à posição da mulher face ao Direito Penal fora do casamento.

5.1.1 Do adultério e da legítima defesa da honra

Como já discutido em pontos anteriores, é clara a grande influência religiosa na formação e aplicação das leis, o que também se fez presente em nosso país. A Constituição Brasileira de 1824 trazia a religião católica como religião oficial do Império, o que perdurou por muitos anos até que o país se declarasse laico. Entretanto, a influência religiosa, ainda que não expressa, se manteve e com ela, a separação entre Evas e Marias, pecadoras e santas.

O Título XXXVIII, Livro V, das Ordenações Filipinas previa que o marido podia matar sua mulher se a flagrasse em adultério, podendo levar consigo as pessoas que quiser para ajudarem, desde que não fosse inimigos da adúltera, e todos restariam livres se provado o adultério (BRASIL, 1818).

O Código Penal, ainda em vigor, trata-se do Decreto-Lei 2.848 de 07 de novembro de 1940, com suas alterações posteriores, e o texto original traz um retrato bastante fidedigno da sociedade patriarcal à época de sua promulgação.

Primeiramente, destaca-se a relação entre a mencionada "mulher honesta" e o já revogado delito de adultério, anteriormente previsto no art. 240 do Código Penal. Evidentemente que o adultério era conduta que só poderia ser praticado por mulher desonesta, que ofende a moral e os bons costumes e, principalmente, a honra do cônjuge traído.

Por muitos anos, admitiu-se em nosso ordenamento jurídico a chamada legítima defesa da honra. Entendia-se que "A legislação penal ao admitir a legítima defesa em relação a qualquer direito, também a permitiu quanto à honra, atributo da personalidade." (BERALDO

JUNIOR, 2004).

Dessarte, a tese consistia no fato de que a infidelidade conjugal ofendia sobremaneira a honra do cônjuge e, sendo a honra direito inerente a personalidade, poderia ser legitimamente defendida da agressão atual, desde que usando moderadamente os meios necessários, conforme preceitua o art. 25 do Código Penal. Afirmam seus defensores que

> A legítima defesa consiste no uso dos meios necessários e se o ofendido julgava no momento de sua exaltação emocional e psicológica que, aquele era o meio necessário para a repulsa da ofensa e não era capaz de discernir se aquela repulsa era necessária ou se a melhor saída seria a separação litigiosa ou consensual, não há que se em desclassificar a legítima defesa e puni-lo por homicídio qualificado, ou na melhor das hipóteses pelo privilegiado. O que deve ser analisado é o núcleo do tipo penal, ou seja, repulsa à injusta agressão à honra, que caracteriza a legítima defesa. O adultério é crime punido pelo Código Penal vigente, sendo crime é ofensa a direito de outro e, todo direito é

passível de legítima defesa (BERALDO JUNIOR, 2004)

O delito de adultério somente foi expressamente revogado pela Lei n.º 11.106/2005.

Assim, durante muitos anos, amparada na ilegalidade da conduta infiel e na ideia enraizada de agressão intolerável à honra, a tese da legítima defesa foi acatada, em especial no Tribunal do Júri, em que o Conselho de Sentença, formado por jurados leigos, se deixava levar pelas convenções sociais:

> RESP. JÚRI. **LEGITIMA DEFESA DA HONRA**. VIOLAÇÃO AO ART. 25 DO CÓDIGO PENAL. SÚMULA 07 DO STJ. 1. Relata a denúncia haver o marido, incurso nas sanções do art. 121, § 2º, incisos I e IV, do Código Penal, efetuado diversos disparos contra sua mulher, de quem se encontrava separado, residindo ela, há algum tempo (mais de 30 dias), em casa de seus pais, onde foi procurada, ao que parece, em tentativa frustrada de reconciliação, e morta. 2. **A absolvição pelo Júri teve por fundamento ação em legítima defesa da honra, decisão confirmada pelo**

Tribunal de Justiça, ao entendimento não ser aquela causa excludente desnaturada pelo fato de o casal estar separado, há algum tempo, e **porque "a vítima não tinha comportamento recatado"**. 3. Nestas circunstâncias, representa o acórdão violação à letra do art. 25 do Código Penal, no ponto que empresta referendo à tese da legítima defesa da honra, sem embargo de se encontrar o casal separado há mais de trinta dias, com atropelo do requisito relativo à atualidade da agressão por parte da vítima. Entende-se em legítima defesa, reza a lei, quem, usando moderadamente dos meios necessários, repele injusta agressão, atual ou iminente, a direito seu ou de outrem. 4. A questão, para seu deslinde e solução, não reclama investigação probatória, com incidência da súmula 7 do STJ, pois de natureza jurídica. 5. Recurso conhecido e provido. (STJ - REsp: 203632 MS 1999/0011536-8, Relator: Ministro FONTES DE ALENCAR, Data de Julgamento: 19/04/2001, T6 - SEXTA TURMA, Data de Publicação: DJ 19.12.2002 p. 454)

(BRASIL, 2002)

JURI. LEGITIMA DEFESA DA HONRA. INOCORRÊNCIA. MARIDO QUE MATA MULHER SUPOSTAMENTE ADULTERA. ABSOLVIÇÃO PELO TRIBUNAL DO JURI. INADIMISSIBILIDADE. NOVO JULGAMENTO ORDENADO. (Apelação Crime Nº 692023427, Segunda Câmara Criminal, Tribunal de Justiça do RS, Relator: Antônio Carlos Netto de Mangabeira, Julgado em 07/10/1993, Data de Publicação: Diário da Justiça do dia) (BRASIL, 1993)

Não se descarta, é claro, a possibilidade de que também a mulher traída acabasse por "lavar a honra com sangue" e assim, fazer uso da tese da legítima defesa. Porém, face à sociedade machista e ao maior zelo que havia com a honra masculina, é inegável que o número de crimes cometidos por maridos traídos contra suas esposas é imensamente maior que o contrário, razão pela qual a tese supracitada tratava-se de mais uma demonstração do peso do patriarcado na posição da mulher no direito.

Sustentado porém, no esforço de adequar o direito penal e processo penal à evolução dos tempos, o

Supremo Tribunal Federal declarou, Arguição de Descumprimento de Preceito Fundamental (ADPF) 779, a inconstitucionalidade do uso da tese da legítima defesa da honra em crimes de feminicídio ou agressão contra mulheres

> Arguição de descumprimento de preceito fundamental. Interpretação conforme à Constituição. Artigo 23, inciso II, e art. 25, caput e parágrafo único, do Código Penal e art. 65 do Código de Processo Penal. "Legítima defesa da honra". Não incidência de causa excludente de ilicitude. Recurso argumentativo dissonante da dignidade da pessoa humana (art. 1º, inciso III, da CF), da proteção à vida e da igualdade de gênero (art. 5º, caput, da CF). Procedência parcial da arguição. 1. A "legítima defesa da honra" é recurso argumentativo/retórico odioso, desumano e cruel utilizado pelas defesas de acusados de feminicídio ou agressões contra a mulher para imputar às vítimas a causa de suas próprias mortes ou lesões. Constitui-se em ranço, na retórica de alguns operadores do direito, de institucionalização da

desigualdade entre homens e mulheres e de tolerância e naturalização da violência doméstica, as quais não têm guarida na Constituição de 1988. 2. Referido recurso viola a dignidade da pessoa humana e os direitos à vida e à igualdade entre homens e mulheres (art. 1º, inciso III, e art. 5º, caput e inciso I, da CF/88), pilares da ordem constitucional brasileira. A ofensa a esses direitos concretiza-se, sobretudo, no estímulo à perpetuação do feminicídio e da violência contra a mulher. O acolhimento da tese teria o potencial de estimular práticas violentas contra as mulheres ao exonerar seus perpetradores da devida sanção. 3. A "legítima defesa da honra" não pode ser invocada como argumento inerente à plenitude de defesa própria do tribunal do júri, a qual não pode constituir instrumento de salvaguarda de práticas ilícitas. Devem prevalecer a dignidade da pessoa humana, a vedação de todas as formas de discriminação, o direito à igualdade e o direito à vida, tendo em vista os riscos elevados e sistêmicos decorrentes da naturalização, da tolerância e do incentivo à cultura da violência doméstica e do feminicídio. 4. Na hipótese de a defesa lançar mão, direta ou indiretamente, da tese da "legítima defesa da honra" (ou de qualquer argumento que a ela induza), seja na fase pré-processual, na fase processual ou no julgamento perante o tribunal do júri, caracterizada estará a nulidade da prova, do ato processual ou, caso não obstada pelo presidente do júri, dos debates por ocasião da sessão do júri, facultando-se ao titular da acusação apelar na forma do art. 593, inciso III, alínea a, do Código de Processo Penal. 5. É inaceitável, diante do sublime direito à vida e à dignidade da pessoa humana, que o acusado de feminicídio seja absolvido, na forma do art. 483, inciso III, § 2º, do Código de Processo Penal, com base na esdrúxula tese da "legítima defesa da honra". Há de se exigir um controle mínimo do pronunciamento do tribunal do júri quando a decisão de absolvição se der por quesito genérico, de forma a avaliar, à luz dos atos processuais praticados em juízo, se a conclusão dos jurados se deu a partir de argumentação discriminatória, indigna, esdrúxula e inconstitucional referente ao uso da tese da legítima defesa da honra. 6. Arguição de descumprimento de preceito fundamental julgada parcialmente procedente para (i) firmar o entendimento de que a tese da legítima defesa da honra é inconstitucional, por contrariar os princípios constitucionais da dignidade da pessoa humana (art. 1º, inciso III, da CF), da proteção da vida e da igualdade de gênero (art. 5º, caput, da CF); (ii) conferir interpretação conforme à Constituição ao art. 23, inciso II, ao art. 25, caput e parágrafo único, do Código Penal e ao art. 65 do Código de Processo Penal, de modo a excluir a legítima defesa da honra do âmbito do instituto da legítima defesa; (iii) obstar à defesa, à acusação, à autoridade policial e ao juízo que utilizem, direta ou indiretamente, a tese de legítima defesa da honra (ou qualquer argumento que induza à tese) nas fases pré-processual ou processual penais, bem como durante o julgamento perante o tribunal do júri, sob pena de nulidade do ato e do julgamento; e (iv) diante da impossibilidade de o acusado beneficiar-se da própria torpeza, fica vedado o reconhecimento da nulidade referida no item anterior na hipótese de a defesa ter-se utilizado da tese da legítima defesa da honra com essa finalidade. 7. Procedência do pedido sucessivo apresentado pelo requerente, conferindo-se interpretação conforme à Constituição ao art. 483, inciso III, § 2º, do Código de Processo Penal, para entender que não fere a soberania dos vereditos do tribunal do júri o provimento de apelação que anule a absolvição fundada em quesito genérico, quando, de algum modo, possa implicar a repristinação da odiosa tese da legítima defesa da honra. (ADPF 779, Relator(a): DIAS TOFFOLI, Tribunal Pleno, julgado em 01-08-2023, PROCESSO ELETRÔNICO DJe-s/n DIVULG 05-10-2023 PUBLIC 06-10-2023) (BRASIL, 2023)

A decisão chega em boa hora. Ainda que não se possa

modificar a ideia preconcebida de que é legítimo ao homem defender a honra com o sangue da mulher adúltera, o reconhecimento da inconstitucionalidade da tese, proibindo que seja defendida em plenário (a par das válidas discussões acerca da violação à Plenitude de Defesa, que não são objeto deste trabalho) afasta a institucionalização do machismo estrutural e evita o perpetuamento de injustiças juridicamente amparadas.

5.1.2 Da violência sexual intramatrimonial

Trazia o Código Civil de 1916 a seguinte previsão (repetido com acréscimos pelo Código Civil de 2002):

> Art. 231. São deveres de ambos os cônjuges:
>
> I. Fidelidade recíproca.
>
> II. Vida em comum, no domicílio conjugal (art. 233, nº IV, e 234).
>
> III. Mutua assistência.
>
> IV. Sustento, guarda e educação dos filhos.

Inserido na vida em comum do casal, encontrava-se o chamado dever de coabitação. Estabelecido pelo Direito Canônico e adotado pelo Direito comum, surgiu a figura do débito conjugal para disciplinar as relações sexuais entre os cônjuges. Pode-se classificar o débito conjugal "como é a cessão dos corpos do casal um para com o outro, sob uma conotação sexual." (LOPES, 2005)

O débito conjugal era considerado dever dos cônjuges, e partia do pressuposto que ao consentir com o casamento, havia consentimento tácito com as relações sexuais a serem mantidas na constância da união. Em vista disso, por muitos anos, a maioria dos doutrinadores considerou não ser possível a configuração do crime de estupro no âmbito matrimonial, face à omissão legislativa.

> Argumenta-se em favor da inexistência de estupro entre cônjuges que a cópula intra matrimonium é dever recíproco e, assim, também direito recíproco. Não poderá o cônjuge recusar-se à prestação sexual pois não lhe é dado retirar o consentimento manifestado por ocasião do matrimônio. (MESTIERI, 1982, p. 53/54)

Assim sendo, o marido que constrangesse a esposa a, contra a vontade dela, manter conjunção carnal, estaria acobertado pela excludente de ilicitude do exercício regular de direito, posição esta defendida por inúmeros doutrinadores antigos, entre eles o respeitadíssimo Nelson Hungria. (MAIA, 2007) A tese era aceita na jurisprudência:

> Exercício regular de direito. Marido que fere levemente a esposa, ao constrangê-la à prática de conjunção sexual normal. Recusa injusta da mesma, alegando cansaço. Absolvição mantida. [...] (RT 461/44 apud MIRABETE, p. 1246)

> O marido não pode ser considerado réu de estupro quando, mediante violência constrange a esposa à prestação sexual, porque o estupro pressupõe cópula ilícita e a cópula intra matrimonium é dever recíproco dos cônjuges. (RT 180/327 apud MESTIERI, p. 54)

O entendimento modificou-se gradativamente, especialmente após o advento da Constituição Federal de 1988. Atualmente, o ordenamento jurídico brasileiro considera plenamente possível a responsabilização do marido que constranja sua esposa a praticar conjunção carnal ou ato libidinoso diverso, visto que o delito de estupro visa tutelar a liberdade sexual, a livre vontade em manter relação sexual independentemente do dever de coabitação, não havendo mais que se falar em "débito conjugal".

5.1.3 O casamento como forma de extinção da punibilidade

O estupro é crime tipificado na legislação brasileira desde o Código Criminal do Império, de 1830, cujo objeto era a proteção da honra. A pena principal imposta ao homem - já que tratava-se de delito que somente poderia ser praticado em face da vítima mulher - era de banimento temporário e pagamento de dote à vítima.

> Art. 219. Deflorar mulher virgem, menor de dezasete annos.
>
> Penas - de desterro para fóra da comarca, em que residir a deflorada, por um a tres annos, e de dotar a esta.
>
> **Seguindo-se o casamento, não terão lugar as penas.**
>
> Art. 220. Se o que commetter o estupro, tiver em seu poder ou guarda a deflorada.
>
> Penas - de desterro para fóra da provincia, em que residir a deflorada, por dous a seis annos, e de dotar esta.

> Art. 221. Se o estupro fôr commettido por parente da deflorada em gráo, que não admitta dispensa para casamento.
>
> Penas - de degredo por dous a seis annos para a provincia mais remota da em que residir a deflorada, e de dotar a esta.
>
> Art. 222. Ter copula carnal por meio de violencia, ou ameaças, com qualquer mulher honesta.
>
> Penas - de prisão por tres a doze annos, e de dotar a offendida.
>
> Se a violentada fôr prostituta.
>
> Penas - de prisão por um mez a dous annos. (BRASIL, 1830, redação original, grifo nosso)

Destaca-se a pena reduzida caso a vítima fosse prostituta, ainda que o crime fosse praticado mediante violência, por não ter a vítima honra a ser protegida. Sendo, porém, a vítima moça virgem, o posterior casamento tornava o delito impunível.

O Código Criminal do Império foi substituído pelo Código Penal de 1940, vigente até hoje. A redação original do

Código Penal trazia o Capítulo denominado "Crimes contra os costumes".

O bem jurídico tutelado era, até então, a moral da sociedade. A moça, deflorada ou violentada, estaria com sua honra e de sua família manchadas e teria muitas dificuldades em conseguir um bom casamento, uma vergonha para a época. Pensando nesta repercussão social, o legislador entendeu por bem instituir um meio de "reparar" a situação e encobrir as manchas deixadas pelo crime.

> E justamente por ser assim é que em determinados casos o fato do agressor aceitar-se casar com a vítima, já era suficiente para se excluir sua punibilidade. E note que sequer se falava ou se cogitava na possibilidade da vítima manifestar sua vontade, até porque em muito dos casos o casamento era imposto pela própria família, tudo para que tal ato não repercutisse socialmente de forma à denegrir não só a imagem social da vítima, como também da própria família. (CORRÊA, 2012)

Deste modo, se após sofrer violência sexual e denunciar o agressor, caso este concordasse em se casar, a vítima poderia obrigada a se unir ao homem que a violentou para evitar a mancha à honra de sua família, e o agente não mais responderia pelo delito, em razão da extinção da punibilidade. A previsão do art. 107:

> Art. 107 - Extingue-se a punibilidade:
>
> [...]
>
> VII - pelo casamento do agente com a vítima, nos crimes contra os costumes, definidos nos Capítulos I, II e III do Título VI da Parte Especial deste Código;
>
> VIII - pelo casamento da vítima com terceiro, nos crimes referidos no inciso anterior, se cometidos sem violência real ou grave ameaça e desde que a ofendida não requeira o prosseguimento do inquérito policial ou da ação penal no prazo de 60 (sessenta) dias a contra da celebração.

Esta situação só foi alterada, há pouco menos de vinte anos, pelo advento da Lei 11.106/2005, que representou grande avanço na posição da mulher dentro do Código Penal. Esta Lei, com considerável atraso, extinguiu a figura da "mulher honesta", o crime de adultério e o casamento como forma de extinção de punibilidade nos crimes sexuais, entre outras mudanças.

Por fim, a Lei 12.015 de 2009 foi responsável por diversas mudanças no Código Penal, em especial pela alteração no nome do Título VI que se chamava "Dos crimes contra os costumes" para "Dos crimes contra a dignidade sexual". Destacamos que não se trata apenas de uma mudança de nome, mas que a "alteração traduz, antes de tudo, a preocupação do legislador com a dignidade sexual, como projeção da própria dignidade da pessoa humana, erigida a epicentro de todo o ordenamento jurídico" (CAVICHIOLI, 2008)

Estes foram apenas alguns exemplos da discriminação imposta pelo ordenamento jurídico, em especial pelo Código Penal, para com a mulher ao longo do tempo, situação que, ao menos juridicamente, vem se alterando para buscar a isonomia.

Porém, a desigualdade histórica exigiu ações mais contundentes por parte do Poder Público, de modo a buscar efetivar não somente a igualdade material, mas especialmente garantir a efetiva proteção da mulher, como será melhor analisado adiante.

5.2 Lei 11.343/2006 - A "Lei Maria da Penha"

Segundo uma pesquisa realizada pelo Senado Federal em 2005, 17% das mulheres ouvidas afirmaram já terem sido vítimas de violência doméstica e 39% afirmaram já terem presenciado algum ato de violência doméstica. Entre as vítimas, 50% relataram que a violência se repetiu 4 vezes ou mais e em 66% dos casos, o agressor era o marido ou companheiro. E um detalhe interessante: em 2005, 45% das mulheres afirmaram que as leis brasileiras não protegiam a mulher de abusos e violência e 72% consideravam que a criação de uma lei específica para proteger a mulher era muito importante. (BRASIL, 2005)

Este é só um pequeno recorte que sugere o panorama da violência doméstica contra a mulher em 2005. Ainda há de se verificar que trata-se de uma pequena parcela da população e, principalmente, que muitas vezes o medo e a vergonha impedia que as mulheres até mesmo assumissem terem sofrido violência por parte dos próprios companheiros, o que nos leva a deduzir a possibilidade de números reais serem ainda maiores.

Pois bem, dentro deste contexto de desigualdade de gênero, em razão dos números alarmantes de violência doméstica contra a mulher, foi necessária a criação de uma medida afirmativa que buscasse proteger as mulheres, maiores vítimas. Entretanto, a luta de uma mulher em especial foi necessária para que essa medida saísse do plano ideal para o mundo real, razão pela qual pedimos licença para contar novamente sua história.

A farmacêutica Maria da Penha Maia Fernandes se casou sonhando, como a grande maioria, com um marido amável e companheiro. Porém, como tantas outras, conheceu nas mãos do companheiro somente dor e sofrimento. Durante o casamento, Maria da Penha sofreu inúmeras agressões sem reagir, por temer represálias contra ela e suas filhas. Em 29 de maio de 1983, o marido Marco Antônio tentou matá-la simulando um assalto. O tiro de espingarda deixou Maria paraplégica. Pouco tempo depois, ele tentou eletrocutá-la enquanto ela tomava banho. Somente depois de ter sido quase assassinada, criou coragem para denunciá-lo, em vão. Nenhuma das várias tentativas surtiu efeito. Mas Maria da Penha não se calou. Escreveu um livro com sua história, uniu-se à luta de outras mulheres e não desistiu de ver seu carrasco punido. (DIAS, 2010)

> As investigações só começaram em junho de 1983, mas a denúncia só foi oferecida em setembro de 1984. Em 1991, o réu foi condenado pelo tribunal do júri a oito anos de prisão. Além de ter recorrido em liberdade, ele, um ano depois, teve seu julgamento anulado. Levado a novo julgamento, em 1996, foi-lhe imposta a pena de dez anos e seis meses. Mais uma vez recorreu em liberdade e somente

19 anos e 6 meses após os fatos, em 2002, é que M. A. H. V. foi preso. Cumpriu apenas dois anos de prisão e foi liberado.

Essa é a história de Maria da Penha. A repercussão foi de tal ordem que o Centro pela Justiça e o Direito Internacional - CEJIL e o Comitê Latino-Americano e do Caribe para a Defesa dos Direitos da Mulher - CLADEM formalizaram denúncia à Comissão Interamericana de Direitos Humanos da Organização dos Estados Americanos. Apesar de, por quatro vezes, a comissão ter solicitado informações ao governo brasileiro, nunca recebeu nenhuma resposta. O Brasil foi condenado internacionalmente, em 2001. O Relatório n. 54 da OEA, além de impor o pagamento de indenização no valor de 20 mil dólares, em favor de Maria da Penha, responsabilizou o Estado brasileiro por negligência e omissão frente a violência doméstica, recomendando a adoção de várias medidas, entre elas "simplificar os procedimentos judiciais penais a fim de que possa ser reduzido o tempo processual". A indenização, no valor de 60 mil reais, foi paga a Maria da Penha, em julho de 2008, pelo governo do Estado do Ceará, em uma solenidade pública, com pedido de desculpas.

Passados 25 anos, finalmente foi editada a Lei 11.340/06, dando cumprimento às convenções e tratados internacionais do qual o Brasil é signatário. Daí a referência, na ementa da Lei, à Convenção sobre a Eliminação de todas as Formas de Discriminação contra as Mulheres e à Convenção Interamericana para Prevenir, Punir e Erradicar a Violência contra a Mulher. (DIAS, 2010, p. 16)

A Lei 11.340, que ganhou o nome de Maria da Penha, promulgada em 07 de agosto de 2006, talvez seja o maior avanço legislativo no campo do direito da mulher no Brasil. A Lei criou mecanismos que visam coibir a violência doméstica e familiar contra a mulher. Além de endurecer as medidas punitivas contra os agressores, também traz em seu bojo "as perspectivas da prevenção, assistência e contenção da violência, além de criar medidas protetivas de urgência e juizados especializados para o julgamento dos crimes praticados com violência doméstica e familiar." (CAMPOS,

2015)

A referida Lei é uma excelente demonstração do exposto acerca de medidas afirmativas, isto pois, traz a proteção específica da mulher como sujeito passivo de violência doméstica, em razão desta se encontrar em posição de vulnerabilidade.

    Neste contexto, cabe também ao direito penal dar soluções que visem efetivar a igualdade material entre todos, criando tipos que protejam os desprotegidos, no caso concreto, as mulheres, visando transformar a cultura de que a mulher é propriedade do homem, numa outra mais condizente com o Estado Democrático de Direito e com o princípio da dignidade humana, trazendo, de modo coercitivo, mudança cultural e comportamental, fazendo cessar toda e qualquer violência contra a mulher, pelo simples fato de ser mulher. (CAMPOS, 2015)

À época de sua promulgação e por algum tempo, a Lei 11.340/06 sofreu diversas críticas e foi acusada por muitos de inconstitucionalidade e violação ao art. 5º da Constituição Federal ao discriminar os homens. O assunto chegou ao Supremo Tribunal Federal (STF) em 2012, através da Ação Direta de Constitucionalidade (ADC) n. 19, que buscava confirmar os artigos 1º, 33 e 41 da Lei 11.340/2006. Em votação unânime, os ministros declararam a constitucionalidade da Lei.

Em seu voto, a ministra Rosa Weber afirmou que a Lei "inaugurou uma nova fase de ações afirmativas em favor da mulher na sociedade brasileira". Já o ministro Gilmar Mendes asseverou que o próprio princípio da igualdade impõe uma obrigação de proteger o mais frágil no quadro social e que "não há inconstitucionalidade em legislação que dá proteção ao menor, ao adolescente, ao idoso e à mulher. Há comandos claros nesse sentido". (BRASIL, STF, 2012)

Embora a decisão do STF tenha consagrado a constitucionalidade da lei, ainda encontrou resistência em sua aplicação. O relatório da Comissão Parlamentar Mista de Inquérito da Violência contra a Mulher, instalada em 2012, apontou que em alguns estados, por exemplo, persiste a aplicação de institutos despenalizadores como a suspensão condicional do processo, vedado pela Lei Maria da Penha, além da precariedade de estrutura de atendimento à mulher, caso das varas e juizados especializados e das casas de abrigo. (CAMPOS, 2015)

Infelizmente a Lei, que chegou a ser elogiada pela ONU como um dos exemplos mais avançados de legislação sobre violência doméstica (CAMPOS, 2015), enfrenta séculos de cultura patriarcal para buscar sua efetividade. Embora traga diversos institutos de proteção à vítima e punição ao agressor, a Lei Maria da Penha esbarra no preconceito e em construções sociais como "em briga de marido e mulher ninguém mete a colher".

Conforme pesquisa do DataSenado de 2013, 99% das brasileiras afirmaram conhecer a Lei Maria da Penha e 66% acreditavam que depois dela a proteção da mulher melhorou. Entretanto, o número de mulheres vítimas de violência doméstica não diminuiu no país. Uma em cada cinco brasileiras relataram já terem sido vítimas de algum tipo de violência doméstica e em 78% dos casos o agressor é o ex ou atual parceiro. (BRASIL, 2013)

Um dado importante trazido pela pesquisa de 2013 é o fato de 21% das vítimas não terem feito nada em relação à violência sofrida e 32% só terem buscado ajuda depois da terceira agressão. (BRASIL, 2013) Há uma parte das vítimas que acredita que a agressão foi um ato isolado, que não vai se repetir. Até que as agressões se tornam recorrentes. Trata-se do chamado ciclo da violência.

Conforme informações do Instituto Maria da Penha, "as agressões cometidas em um contexto conjugal ocorrem dentro de um ciclo que é constantemente repetido." (IMP, 2023). O ciclo se inicia com a tensão, através da irritação e microagressões, ao qual se segue o ato de violência. Porém, após a agressão vem a fase do arrependimento, também conhecida como "lua de mel", em que o agressor se torna amável, arrependido e busca a reconciliação. A situação de confusão e, muitas vezes, culpa, mantém a mulher ligada ao agressor, na esperança de que a agressão não se repita, até que o ciclo se inicia novamente.

Ainda, segundo 74% das mulheres ouvidas, o medo do agressor é a principal razão para que a vítima não denuncie, além de outros motivos como dependência financeira e preocupação com os filhos. (BRASIL, 2013) A violência doméstica é multifatorial, assim como os motivos que levam as mulheres a permanecer.

A pesquisa do DataSenado é renovada a cada dois anos, sendo a última publicada em 2023. Mais de 21 mil mulheres responderam a pesquisa de 2023, o que tornou o estudo o maior sobre violência doméstica já realizado no Brasil, apenas com mulheres. (AGÊNCIA SENADO, 2023) Os dados trazem o aumento da violência doméstica no Brasil.

A 10ª edição da pesquisa Violência Doméstica e Familiar contra a Mulher mostra que 30% das mulheres do país já sofreram algum tipo de violência doméstica ou familiar provocada por um homem. Dentre elas, 76% sofreram violência física. A pesquisa apontou que a violência psicológica é a mais recorrente (89%), seguida pela moral (77%), pela física (76%), pela patrimonial (34%) e pela sexual

(25%).

O índice de violência física, porém, varia de acordo com a renda. Enquanto 64% das mulheres que sofreram violência doméstica ou familiar e que recebem mais de seis salários-mínimos declaram ter sofrido violência física, esse índice chega a 79% entre as vítimas com renda de até dois salários mínimos. Resta clara, mais uma vez, a intersecção de fatores de opressão e violência.

Dentre os dados, chama atenção o registro de que boa parte das vítimas vive a primeira agressão ainda muito jovem, entre 19 e 24 anos. Também se verifica a perpetuação do ciclo da violência. Metade das entrevistadas relatou ter sido vítima de violência 4 vezes ou mais.

O tempo não trouxe somente más notícias. Na pesquisa realizada em 2023, somente 9% das entrevistadas que afirmaram ter sido vítimas de violência não fizeram nada. Entre as demais, 31% afirmaram que denunciou em delegacia comum, 22% denunciaram em uma Delegacia da Mulher e 7% buscaram ajuda na Central de Atendimento à Mulher (Ligue 180). Ainda, 27% solicitaram medidas protetivas.

A melhor notícia, porém, é a de que o número de mulheres que conseguem romper com o ciclo de violência aumentou. Dentre as que relataram ter sofrido violência doméstica, 73% não estão mais com o marido e 94% não estão mais com o namorado agressor. Para 90% delas, a agressão influenciou muito no fim do relacionamento. (AGÊNCIA SENADO, 2023)

Os números da violência doméstica seguem altos no país, especialmente entre a parcela mais pobre da população. O advento da Lei 11.340/2006 não foi capaz de erradicar a violência contra a mulher, e nem era esperado que o fizesse, mas a evolução dos dados nos últimos dez anos mostra que os instrumentos de proteção e punição e, especialmente, o conhecimento dos próprios direitos, tem nos guiado num caminho de fortalecimentos dos direitos da mulher.

5.3 Lei 13.104/2015 - Lei do Feminicídio

É inegável que a Lei Maria da Penha foi uma conquista muito importante para as mulheres, especialmente por trazer visibilidade ao assunto da violência de gênero. Porém, como já exposto, a violência doméstica e familiar contra a mulher resiste e, muitas vezes, tem consequências fatais.

"A violência fatal atingiu mais de 50 mil mulheres entre 2000 e 2010, ano em que a taxa de mortes foi de 4,6 por 100 mil habitantes." (MACHADO, 2015, p. 6). Não se ignora, por óbvio, que o número de homicídios masculinos é amplamente maior, porém, difere-se do homicídio de mulheres porque este está intimamente ligado à violência doméstica.

> A mortalidade masculina por violência tem aumentado em várias regiões da América Central e do Sul e, ao contrário dos homicídios de mulheres, tanto vítimas quanto perpetradores são homens. Os assassinatos masculinos não ocorrem pela desigualdade de gênero, e sim por conflitos que ocorrem no espaço da rua: brigas, controle do território, pertencimento a gangues, narcotráfico, grupos de extermínio,[19] enquanto as mortes de mulheres são da ordem da violência privada que permeia as relações intersubjetivas entre homens e mulheres. (MENEGHEL; HIRAKATA, 2011)

Dos homicídios masculinos, apenas 15% ocorreram na residência, enquanto que no que diz respeito às mulheres, esse número sobe para 40%. Menos de 50% destes homicídios foram praticados por arma de fogo. "Esse fato indica que, nas mortes de mulheres, há a prevalência de formas de violência possibilitadas por maior contato interpessoal, como objetos penetrantes, cortantes ou contundentes e sufocação." (MACHADO, 2015, p.6)

Os homicídios decorrentes de violência de gênero são chamados de feminicídios e correspondem a qualquer manifestação de relação de poder entre homens e mulheres que culminem na morte da vítima pela condição de ser mulher. Pode acontecer em várias situações, "incluindo mortes perpetradas por parceiro íntimo com ou sem violência sexual, crimes seriais, violência sexual seguida de morte, femicídios associados ou relacionados à morte ou extermínio de outra pessoa." (MENEGHEL; HIRAKATA, 2011)

Em razão deste quadro, em 09 de março de 2015, foi promulgada a Lei 13.104 que altera o art. 121 do Código Penal para incluir a qualificadora que recebeu o nome de "Feminicídio". Traz a lei em seu texto, hoje já incluído no CP:

Homicídio qualificado

§ 2° Se o homicídio é cometido:

[...]

Feminicídio

VI - contra a mulher por razões da condição de sexo feminino:

§ 2°-A Considera-se que há razões de condição de sexo feminino quando o crime envolve:

I - violência doméstica e familiar;

II - menosprezo ou discriminação à condição de mulher.

Aumento de pena

§ 7o A pena do feminicídio é aumentada de 1/3 (um terço) até a metade se o crime for praticado: (Incluído pela Lei nº 13.104, de 2015)

I - durante a gestação ou nos 3 (três) meses posteriores ao parto; (Incluído pela Lei nº 13.104, de 2015)

II - contra pessoa maior de 60 (sessenta) anos, com deficiência ou com doenças degenerativas que acarretem condição limitante ou de vulnerabilidade física ou mental; (Redação dada pela Lei nº 14.344, de 2022) Vigência

III - na presença física ou virtual de descendente ou de ascendente da vítima; (Redação dada pela Lei nº 13.771, de 2018)

IV - em descumprimento das medidas protetivas de urgência previstas nos

> incisos I, II e III do caput do art. 22 da Lei nº 11.340, de 7 de agosto de 2006. (Incluído pela Lei nº 13.771, de 2018) (BRASIL, 2015 atualizado)

Não foi criado um novo tipo penal para punir o feminicídio, apenas acrescentou-se uma qualificadora ao já existente delito de homicídio, quando este for motivado por ódio contra as mulheres ou em situação de violência doméstica. "Os crimes que caracterizam a qualificadora do feminicídio reportam, no campo simbólico, a destruição da identidade da vítima e de sua condição de mulher." (BARROS, 2015)

O Mapa da Violência 2015 trouxe os números do feminicídio no Brasil, antes da alteração legislativa. Conforme consta nas Notas Técnicas, foi considerado como feminicídio a agressão contra mulher no âmbito familiar:

> Entende a lei que existe feminicídio quando a agressão envolve violência doméstica e familiar, ou quando evidencia menosprezo ou discriminação à condição de mulher, caracterizando crime por razões de condição do sexo feminino. Devido às limitações dos dados atualmente disponíveis, entenderemos por feminicídio as agressões cometidas

contra uma pessoa do sexo feminino no âmbito familiar da vítima que, de forma intencional, causam lesões ou agravos à saúde que levam a sua morte. (WAISELFISZ, 2015)

Seguindo estes parâmetros, temos entre 1980 e 2013 um aumento de 252% no número de homicídios de mulheres. A título comparativo, entre 1980 e 2006 (período anterior à Lei Maria da Penha), a taxa de crescimento era de 7,6% ao ano, enquanto entre 2006 e 2013 (com a Lei em vigor), o crescimento foi de 2,5% ao ano. (WAISELFISZ, 2015)

Os números contrapõem os argumentos levantados por muitos acerca da desnecessidade da criação da referida qualificadora.

Em 2023, o Atlas da Violência, resultado de pesquisa coordenada pelo IPEA e Fórum Brasileiro de Segurança Pública, trouxe dados atualizados do feminicídio no Brasil, anos após a tipificação específica. O relatório mostra que "enquanto a taxa de homicídios da população em geral apresenta queda, a de homicídios femininos cresceu 0,3%, de 2020 para 2021." (IPEA, 2023)

Na década de 2011 a 2021, foram quase 50 mil mulheres assassinadas no Brasil. Assim como se infere dos números da violência doméstica no Brasil, a violência letal atinge às mulheres de forma diversa. Entre as mulheres negras, o risco de feminicídio é 1,8% maior em comparação às mulheres brancas. Do total de vítimas de homicídio no Brasil, em 2021, 67,4% delas eram negras.

Em 2019, o Superior Tribunal de Justiça firmou posicionamento no sentido de ser a qualificadora do feminicídio de natureza objetiva (AgRg no AREsp n. 1.166.764/MS, relator Ministro Antonio Saldanha Palheiro, Sexta Turma, julgado em 6/6/2019, DJe de 17/6/2019.). A título de breve explicação, as circunstâncias que qualificam o delito de homicídio podem ser de natureza objetiva e se relacionam ao meio ou modo de execução do crime; ou subjetivas, quando digam respeito aos motivos do delito.

Do entendimento firmado pelo STJ decorre a possibilidade de cumulação com outras qualificadoras existentes no delito de homicídio, que sejam de natureza subjetiva, como às relacionadas aos motivos do crime. Isso significa, na prática, que a incidência cumulativa de mais de uma qualificadora poderá conduzir a uma pena maior ao agente. O posicionamento também permite o reconhecimento da qualificadora de forma mais simples, visto que não é necessário perquirir os motivos do agente para o cometimento do crime, situando-se a qualificadora entre as de natureza objetiva.

A par dos significativos avanços, como a

visibilidade e discussão possibilitadas pelo acréscimo do homicídio por razões de gênero no rol de qualificadoras do Código Penal, em que o legislador transmite um claro sinal de que a violência contra a mulher não será mais acobertada, há de se observar a pouca efetividade alcançada na proteção dessas mulheres.

5.4 Novos tempos - Violação da intimidade e crimes virtuais

A cada dia, com a evolução social e tecnológica, evoluem também as condutas humanas. Com a exponencial evolução da internet e a facilidade de acesso à rede mundial de computadores, trazida pelo Século XXI, houve também o crescimento dos delitos praticados em ambiente virtual. Os chamados cibercrimes são recentes, exigindo que o Direito acompanhe as rápidas mudanças sociais para a proteção de bens jurídicos e a punição de condutas que sequer eram inimagináveis há algumas décadas.

Inicialmente, está previsto no art. 5º da Constituição Federal:

> X - são invioláveis a intimidade, a vida privada, a honra e a imagem das pessoas, assegurado o direito a indenização pelo dano material ou moral

decorrente de sua violação; (BRASIL, 1988)

E, na Declaração dos Direitos Sexuais, documento elaborado por profissionais de diversas áreas atuantes na Associação Mundial pela Saúde Sexual (WAS):

> 6. O direito à privacidade.
>
> Todos têm o direito à privacidade relacionada à sexualidade, vida sexual e escolhas inerentes ao seu próprio corpo, relações e práticas sexuais consensuais, sem interferência ou intrusão arbitrária. Isto inclui o direito de controlar a divulgação de informação relacionada à sua sexualidade pessoal a outrem. (WAS, 2014)

Não obstante, tem-se observado o crescimento das condutas de violação à intimidade, especialmente facilitadas pelo acesso e pela rápida propagação de conteúdos pela internet. Dentre estas condutas, destacam-se a prática de invasão de contas e dispositivos informáticos por hackers, a ciber extorsão e a divulgação de conteúdo sexual não consentida.

Entre 2012 e 2014, cresceu mais de quatro vezes o número de fotos e vídeos íntimos divulgados sem consentimento na internet, segundo a ONG Safernet. 81% das vítimas destes casos eram mulheres. (PALHARES, 2015) A prática, conhecida como *revenge porn* (ou pornografia de vingança, em tradução livre) trata-se de

> uma forma de violência moral (com cunho sexual) que envolve a publicação na internet (principalmente nas redes sociais) e distribuição com o auxilio da tecnologia (especialmente com smartphones), sem consentimento, de fotos e/ou vídeos de conteúdo sexual explícito ou com nudez. As vítimas quase sempre são mulheres e os agressores, quase sempre são ex-amantes, ex-namorados, ex-maridos ou pessoas que, de qualquer forma, tiveram algum relacionamento afetivo com a vítima, ainda que por curto espaço de tempo. (CRESPO, 2014)

A prática de compartilhar essas fotos e/ou vídeos foi e ainda é considerada por muitos uma brincadeira inofensiva. Segundo dados de 2013, da ONG Safernet, 20% dos entrevistados já haviam recebido esse tipo de mensagem e 6% confessaram já terem compartilhado. (ALVES, 2013) Entretanto, esse número é provavelmente muito maior.

A "brincadeira", porém, pode ter consequências

desastrosas. Giana Fabi, 16 anos, de Veranópolis-RS e Júlia dos Santos, 17, de Parnaíba-PI, se suicidaram após terem imagens íntimas expostas na internet. (ALVES, 2013). É um trágico exemplo, levado ao extremo, do cyberbullying e da humilhação pública que se seguem à divulgação de conteúdo íntimo.

As mulheres são, como de costume, duplamente punidas: pela divulgação em si e pela repressão da sociedade que culpabiliza a vítima, cujo crime é ter uma vida sexual. A vítima torna-se culpada de ter consentido com a produção do material, legando o verdadeiro agente delitivo, o responsável pela divulgação sem consentimento, à segundo plano.

Até pouco tempo atrás, a conduta não era expressamente tipificada em nosso ordenamento jurídico. Assim, poderia ser inicialmente enquadrada nos crimes de difamação e/ou injúria, previstos nos art. 139 e 140 do Código Penal. Havia os que entendiam também pela possibilidade do enquadramento na Lei n. 11.340/06, atendidos os requisitos necessários:

> Sendo a vítima mulher e tendo com a pessoa que espalhou as imagens uma relação de confiança ou algum vínculo, mesmo que de curta duração, o caso que definimos como 'revengeporn' pode ser enquadrado na Lei Maria da Penha, que

visa proteger a mulher contra qualquer tipo de violência – neste caso, a psicológica. (SPAGNOL, 2015)

Houve, gradativamente, a tipificação penal das condutas de violação da intimidade por meio tecnológico ou virtual.

O primeiro marco no combate aos crimes cibernéticos se deu com a Lei n. 12.737/2012, conhecida como Lei "Carolina Dieckmann", que incluiu no Código Penal o art. 154-A - "Invasão de dispositivo informático", com pena de detenção de três meses a um ano. A lei, que abrange somente a violação de segurança de dispositivo informativo - celular, computador, etc. - ganhou o nome da atriz, após esta ter o aparelho celular invadido e dezenas de fotos privadas divulgadas na internet.

Outra alteração legislativa de essencial importância, ainda em 2014, foi a Lei n. 12.965/2014, conhecida como "Marco Civil da Internet", que prevê em seu art. 13 a responsabilidade dos provedores de internet pela guarda dos registros de conexão e o seu acesso através de autorização judicial, que pode facilitar a identificação do(s) responsável(eis) pela divulgação dos dados.

A despeito dessas primeiras alterações legislativas no âmbito da *cyber* condutas, ainda restaram excluídos da tipificação parcela considerável dos casos de exposição da intimidade por meio virtual, quais sejam, as situações em que as imagens eram obtidas de forma autorizada ou produzidas com consentimento da vítima, mas sem o consentimento para a divulgação.

Neste contexto, a Lei n.13.718, de 24 de setembro de 2018, incluiu diversos artigos no Código Penal, entre eles, o art. 218-C, que recebeu o *nomem juris* de "Divulgação de cena de estupro ou de cena de estupro de vulnerável, de cena de sexo ou de pornografia." (BRASIL, 2018). O tipo penal traz a descrição de diversas condutas:

> Divulgação de cena de estupro ou de cena de estupro de vulnerável, de cena de sexo ou de pornografia (Incluído pela Lei nº 13.718, de 2018)
>
> Art. 218-C. Oferecer, trocar, disponibilizar, transmitir, vender ou expor à venda, distribuir, publicar ou divulgar, por qualquer meio - inclusive por meio de comunicação de massa ou sistema de informática ou telemática -, fotografia, vídeo ou outro registro audiovisual que contenha cena de estupro ou de estupro de vulnerável ou que faça apologia ou induza a sua prática, ou, sem o consentimento da vítima, cena de sexo,

nudez ou pornografia: (Incluído pela Lei nº 13.718, de 2018)

Pena - reclusão, de 1 (um) a 5 (cinco) anos, se o fato não constitui crime mais grave. (Incluído pela Lei nº 13.718, de 2018)

Aumento de pena (Incluído pela Lei nº 13.718, de 2018)

§ 1º A pena é aumentada de 1/3 (um terço) a 2/3 (dois terços) se o crime é praticado por agente que mantém ou tenha mantido relação íntima de afeto com a vítima ou com o fim de vingança ou humilhação. (Incluído pela Lei nº 13.718, de 2018) (BRASIL, 2018).

Destaca-se que, na verdade, o art. 218-C pune ao menos duas situações diversas. A primeira diz respeito a divulgação de registro audiovisual de cena de estupro (crime previsto no art. 213 do Código Penal) ou estupro de vulnerável (art. 217-A), em que o consentimento com a divulgação é irrelevante para tipificação, em face da inexistência do consentimento no ato sexual ou libidinoso registrado nas imagens (em relação ao estupro) ou na irrelevância jurídica do consentimento (no ato praticado com vítima em situação de vulnerabilidade). A segunda, trata da situação em que não há o consentimento da vítima para a divulgação do registro audiovisual, que, nesse caso, pode ser de cena de sexo, nudez ou pornografia, cena praticada, registrada ou mesmo fornecida ao autor com consentimento da vítima. Nessa hipótese, o dissenso diz respeito apenas à divulgação do material. (SOUZA, 2019).

O tipo tem como "bem jurídico atingido a honra em sua esfera sexual, denominada dignidade sexual, que é semelhante ao delito de difamação, mas de modo agravado e de relevância pública." (SYDOW, 2018, p. 11).

Destaca-se a existência de causa de aumento de pena se o delito for praticado havendo relação íntima de afeto ou fim especial de vingança ou humilhação da vítima. A previsão adequa o tipo penal especificamente à conduta conhecida como pornografia de vingança, ou revenge porn, e busca estender a proteção aos casos de violência doméstica e familiar, tendo em vista que a prática deste delito está, em geral, intimamente ligada à relacionamentos amorosos.

Observa-se, entretanto, que a tipificação apresentada não incluiu o registro das imagens, feito sem consentimento, mas apenas a divulgação não consentida de imagens íntimas. Ficaram, desse modo, fora do âmbito de proteção da norma os casos em que a vítima sequer sabe que está sendo registrada em situação de nudez ou sexual.

Para corrigir essa situação, a Lei n. 13.772/2018

acrescentou a violação da intimidade como uma das formas de violência psicológica contra a mulher na Lei Maria da Penha, e incluiu o art. 216-B no Código Penal, que prevê detenção de 6 (seis) meses a 1 (um) ano para o registro de cena de nudez, ato sexual ou libidinoso de caráter íntimo, sem autorização dos participantes.

No mesmo âmbito de violação à privacidade e à intimidade, sobressai a conduta do *stalking*, termo inglês que inicialmente pode ser conceituado como "atos persecutórios e obsessivos" (REINERT et al., 2020). A conduta de perseguição pode ser praticada de diversos modos, como através da vigilância e presença constante, envio de cartas, presentes ou e-mails, contato pessoal ou telefônico reiterado, todos com o fim de invadir a privacidade da vítima.

A mulher não é, de modo algum, a única vítima da conduta. Porém, é de se ressaltar a existência de *stalking* relacionada à violência doméstica e familiar, principalmente após o rompimento de relacionamentos amorosos, situação em que a mulher se torna vítima principal. O próprio enquadramento da perseguição como conduta criminosa encontra obstáculos sociais, em especial quando praticado por meios "românticos", como o envio reiterado de mensagens carinhosas e presentes. A conduta, porém, ainda que praticada de modo aparentemente gentil, trata-se de violação à liberdade e à privacidade da vítima.

A Lei n. 14.132 de 2021 tipificou a conduta de *stalking*, que até então costumava ser enquadrada como mera contravenção penal de perturbação do sossego. A Lei acresceu o art. 147-A ao Código Penal, com a seguinte previsão:

> Art. 147-A. Perseguir alguém, reiteradamente e por qualquer meio, ameaçando-lhe a integridade física ou psicológica, restringindo-lhe a capacidade de locomoção ou, de qualquer forma, invadindo ou perturbando sua esfera de liberdade ou privacidade. Pena – reclusão, de 6 (seis) meses a 2 (dois) anos, e multa. (Incluído pela Lei nº 14.132, de 2021)
>
> § 1º A pena é aumentada de metade se o crime é cometido: (Incluído pela Lei nº 14.132, de 2021)
>
> I – contra criança, adolescente ou idoso; (Incluído pela Lei nº 14.132, de 2021)
>
> II – contra mulher por razões da condição de sexo feminino, nos termos do § 2º-A do art. 121 deste Código; (Incluído pela Lei nº 14.132, de 2021)

> III – mediante concurso de 2 (duas) ou mais pessoas ou com o emprego de arma. (Incluído pela Lei nº 14.132, de 2021)

O legislador, atento à proteção da mulher, trouxe ao tipo causa de aumento se praticado por razão da condição de sexo feminino, que se cacteriza quando o crime envolver violência doméstica e familiar e/ou menosprezo ou discriminação à condição de mulher.

Destaca-se que a popularização da internet possibilitou a perseguição por meio virtual e multiplicou o chamado *cyberstalking*.

O *cyberstalking* é um fenômeno recente e pode ser definido como o "*stalking* que ocorre no âmbito da internet ou é realizado a partir de meios tecnológicos ou computadorizados." (REINERT et al., 2020).

A conduta do *cyberstalking* poderá ser através de comunicação direta; uso de internet e por instrução informática (SYDOW; 2021, p. 554). Assim, o *cyberstalker* pode agir por meio do acompanhamento e monitoramento virtual da vítima, rastreio de seus passos por meios dos conteúdos publicados na internet, presença constante em suas redes sociais, com o envio de comentários ou interações indesejadas.

A perseguição virtual também se enquadra no âmbito de punição do art. 147-A, do Código Penal, que aduz que a perseguição pode se dar "por qualquer meio".

Ademais, se os atos de perseguição causarem dano emocional à vítima, verifica-se a ocorrência de violência psicológica, uma das formas de violência contra a mulher previstas no art. 7 da Lei n. 11.340/06, e atualmente tipificada no art. 147-B, do Código Penal, incluído pela Lei nº 14.188, de 2021.

Vemos que o legislador tem buscado exaurir a criminalização de todas as possíveis condutas que vêm sendo observadas atualmente, no que pode ser considerada uma expressão do Direito Penal de Emergência, manifestação de política criminal que busca "dar guarida a anseios imediatistas, oferecendo respostas e atuando em conformidade com as pressões sociais sem nem mesmo se ater a verificação de sua eficácia instrumental como meio de prevenção ao delito." (FERRAJOLI, 2014, p. 97).

Conforme os dados expressos nos capítulos relacionados à Lei Maria da Penha e ao Feminicídio, a pura criminalização de condutas não tem trazidos resultados satisfatórios na proteção da mulher, em que pese alguns indicadores sinalizem esperança. Há de se comemorar a punição de feminicídios enquanto mulheres seguem mortas?

Garantir a efetiva proteção e coibir a violência

contra a mulher perpassa, em verdade, muito mais por uma mudança social que legislativa. A lei, por si só, jamais será capaz de impor transformação social enquanto a consciência coletiva mantém-se fixada, como as bruxas amarradas às fogueiras, num sistema de dominação feminina.

CONCLUSÃO

O presente trabalho não tem o objetivo nem a pretensão de exaurir tema tão amplo e complexo como os direitos das mulheres. Buscou, de forma sucinta, traçar o caminho em que o "segundo sexo" percorreu, ao longo de séculos de história, para alcançar a posição de hoje, em reconhecida igualdade.

Como brevemente mencionado, ao longo dos capítulos, que cunham a história da mulher no direito, internacional e brasileiro, a modificação do *status* legal da mulher nem sempre acompanha ou vem acompanhada da modificação de sua posição social.

A mulher no Brasil ainda é a maior vítima de violência doméstica e de crimes sexuais, a menor presença na política e em cargos de liderança, e se mantém no ideário geral como mãe guerreira ou mulata exportação. Santa ou puta.

Com este livro, que agora sai de mim para o mundo - e que não trata sequer de metade dos temas que poderia (e eu gostaria de) tratar, espero ter feito minha ínfima parte da mudança que quero ver no mundo das minhas filhas, netas e bisnetas.

Que sejam as netas das bruxas que não conseguiram queimar, e que queimem tudo.

REFERÊNCIAS BIBLIOGRÁFICAS

AGÊNCIA SENADO. DataSenado aponta que 3 a cada 10 brasileiras já sofreram violência doméstica. Publicado em 21 de novembro de 2023. Disponível em: <https://www12.senado.leg.br/noticias/materias/2023/11/21/datasenado-aponta-que-3-a-cada-10-brasileiras-ja-sofreram-violencia-domestica>.

ANDRADE, Flávia Cristina Moreira de Campos. Direitos das mulheres à igualdade material. *In* Direitos das mulheres: análise multidisciplinar sobre a evolução e a eficácia da proteção legal às mulheres no Brasil / Ana Luiza Nery, Thais Folgosi Françoso, coord. -- São Paulo: Thomson Reuters Brasil, 2023.

ANDRIGHI, Nancy; MAZZOLA, Marcelo. Reflexões sobre a igualdade de gênero no processo civil. Publicado em 29 de abril de 2019. https://www.conjur.com.br/2019-abr-29/opiniao-reflexoes-igualdade-genero-processo-civil/

BARRETTO, Rafael. Direitos Humanos. 4ª Ed. Salvador: JusPodivm, 2014.

BARROS, Francisco Dirceu. Estudo completo do feminicídio. Disponível em: <http://www.impetus.com.br/artigo/876/estudo-completo-do-feminicidio>.

BARSTED, Leila Linhares. Os Direitos Humanos na Perspectiva de Gênero. Disponível em <http://www.dhnet.org.br/direitos/textos/a_pdf/barsted_dh_per spectiva_genero.pdf>.

BEAUVOIR, Simone de. O Segundo Sexo. 2ª. Ed. São Paulo: Difusão Europeia do Livro, 1967.

BELLAGAMBA, Lucia Rios. O que é interseccionalidade e por que importa saber seu significado? Disponível em: <https://blogs.iadb.org/brasil/pt-br/o-que-e-interseccionalidade-e-por-que-importa-saber-seu-significado/>.

BRASIL, Código Criminal. 16 de dezembro de 1830. https://www.planalto.gov.br/ccivil_03/LEIS/LIM/LIM-16-12-1830.htm

BRASIL. Código Civil: Lei nº 10.406, De 10 De Janeiro de 2002. Disponível em: <<http://www.planalto.gov.br/ccivil_03/_ato2011-2014/2014/lei/l12965.htm>.

BRASIL. Código Civil de 1916: Lei nº 3.071, de 1º de janeiro de 1916. Brasília, DF: Casa Civil, Subchefia para Assuntos Jurídicos, 2002. Disponível em: <http://www.planalto.gov.br/ccivil_03/leis/L3071.htm>.

BRASIL. Ordenações Filipinas, 1818. Disponível em: < https://www2.senado.leg.br/bdsf/item/id/242733>.

_____. ADC 19: dispositivos da Lei Maria da Penha são constitucionais. Brasília, DF: Supremo Tribunal Federal, Notícias STF, 2012. Disponível em: http://www.stf.jus.br/portal/cms/verNoticiaDetalhe.asp?idConteudo=199845.>

_____. Código Penal Brasileiro: Decreto-Lei No 2.848, de 7 de dezembro de 1940. Brasília, DF: Casa Civil, Subchefia para Assuntos Jurídicos. Disponível em: <http://www.planalto.gov.br/ccivil_03/decreto-lei/Del2848compilado.htm>.

_____. Lei 12.737, de 30 de novembro de 2012. Dispõe sobre a tipificação criminal de delitos informáticos. Brasília, DF: Casa Civil, Subchefia para Assuntos Jurídicos. Disponível em: <http://www.planalto.gov.br/ccivil_03/_ato2011-2014/2012/lei/l12737.htm>.

_____. Lei 12.965, de 23 de abril de 2014. Disciplina o uso da internet no Brasil. Brasília, DF: Casa Civil, Subchefia para Assuntos Jurídicos. Disponível em:

_____. Lei 13.104, de 09 de março de 2015. Dispõe acerca da qualificadora do Feminicídio. Brasília, DF: Casa Civil, Subchefia para Assuntos Jurídicos. Disponível em: <http://www.planalto.gov.br/ccivil_03/_Ato2015-2018/2015/Lei/L13104.htm>.

_____. O que são Ações Afirmativas. Brasília, DF: Presidência da República, Secretaria de Políticas de Promoção da Igualdade Racial. Disponível em <http://www.portaldaigualdade.gov.br/assntos/o-que-sao-acoes-afirmativas>.

_____. Pesquisa Violência Doméstica e Familiar Contra a Mulher 2013. Brasília, DF: Senado Federal, Secretaria da Transparência, DataSenado, 2013. Disponível em: <http://www.senado.gov.br/senado/datasenado/pdf/datasenado/DataSenado-Pesquisa-Violencia_Domestica_contra_a_Mulher_2013.pdf>.

_____. Relatório de Pesquisa: Violência Doméstica contra a Mulher 2005. Brasília, DF: Senado Federal, Secretaria de Pesquisa e Opinião, Coordenação DataSenado, 2005. Disponível em: <http://www12.senado.gov.br/institucional/datasenado/pdf/DataSenadoPesquisaViolencia_Domestica_contra_a_Mulher2005.pdf>.

_____. Superior Tribunal de Justiça. Recurso Especial nº 203632 em Mandado de Segurança nº 1999/0011536-8, Relator: Ministro FONTES DE ALENCAR, Data de Julgamento: 19/04/2001, T6 - SEXTA TURMA, Data de Publicação: DJ 19.12.2002 p. 454.

_____. Tribunal de Justiça do Rio Grande do Sul. Apelação Crime Nº 692023427, Segunda Câmara Criminal, Tribunal de

Justiça do RS, Relator: Antônio Carlos Netto de Mangabeira, Julgado em 07/10/1993, Data da Publicação: 07/10/1993.

_____. Superior Tribunal de Justiça. Recurso Especial nº 1626739/RS, Relator: Ministro LUIS FELIPE SALOMÃO, Data de Julgamento: 09/05/2017, Quarta Turma, Data de Publicação: DJe 01/08/2017.

_____. Superior Tribunal de Justiça. Recurso Especial nº 1724718/MG, Relatora: Ministra NANCY ANDRIGHI, Data de Julgamento: 22/05/2018, Terceira Turma, Data de Publicação: DJe 29/05/2018.

_____. Supremo Tribunal Federal. ADPF nº 779, Relator: Ministro DIAS TOFFOLI, Data de Julgamento: 01/08/2023, Tribunal Pleno, Data de Publicação: DJe-s/n 05/10/2023, Divulgado em 05/10/2023.

_____. Supremo Tribunal Federal. ADI nº 5617, Relator: Ministro EDSON FACHIN, Data de Julgamento: 15/03/2018, Tribunal Pleno, Data de Publicação: DJe-211 03/10/2018, Divulgado em 02/10/2018.

_____. Supremo Tribunal Federal. RE nº 597285, Relator: Ministro RICARDO LEWANDOWSKI, Data de Julgamento: 09/05/2012, Tribunal Pleno, Data de Publicação: DJe-053 18/03/2014, Divulgado em 17/03/2014, Acórdão Eletrônico.

BUCCI, Daniela; REIS, G. T. S.. Feminicídio: a Corte

Interamericana de Direitos Humanos e a perspectiva de gênero para o alcance de justiça social. In: MENEZES, Wagner (coord); NUNES FILHO, Aldo; OLIVEIRA, Paulo Henrique Reis De (org). (Org.). Tribunais internacionais e a garantia dos direitos sociais. 1ed. CURITIBA: ABDI EDITORA, 2021, v. , p. 165-184.

CAMPOS, Carmen Hein de. A CPMI da Violência contra a Mulher e a implementação da Lei Maria da Penha. Rev. Estud. Fem., Florianópolis , v. 23, n. 2, p. 519-531, ago. 2015. Disponível em: <http://www.scielo.br/scielo.php?script=sci_arttext&pid=S0104-026X2015000200519&lng=pt&nrm=iso>.

CAMPOS, Luiz Augusto; MIGUEL, Luís Felipe. O oito de março no congresso: representações da condição feminina no discurso parlamentar. Revista Estudos Feministas [online], 2008.

CAVICHIOLI, Anderson. Lei n. 12.015/2009: as consequências jurídicas da nova redação do artigo 213 do Código Penal brasileiro. B. Cient. ESMPU, Brasília, ano 7 – n. 28/29, p. 145-170 – jul./dez. 2008

CORRÊA, Fabrício da Mata. O casamento como Causa Extintiva de Punibilidade para os Crimes de Estupro. Disponível em: <http://fabriciocorrea.jusbrasil.com.br/artigos/121941324/o-

casamento-como-causa-extintiva-de-punibilidade-para-os-crimes-de-estupro>.

COULANGES, Fustel de. A cidade antiga. Trad. Frederico Ozanam Pessoa de Barros. São Paulo: Edameris, 1961.

CRESPO, Marcelo. Revenge porn: a pornografia da vingança. Disponível em: <http://marcelocrespo1.jusbrasil.com.br/artigos/153948423/revenge-porn-a-pornografia-da-vinganca>.

DIAS, Maria Berenice. A Lei Maria da Penha na justiça: a efetividade da Lei 11.34/2006 de combate à violência doméstica e familiar contra a mulher. 2. ed., São Paulo: Editora Revista dos Tribunais, 2010.

FEIJÓ, Janaina. Mães solo no mercado de trabalho. Publicado em 12 de maio de 2023. https://blogdoibre.fgv.br/posts/maes-solo-no-mercado-de-trabalho

FERRAJOLI, Luigi. Direito e razão: teoria do garantismo penal. 4. ed. São Paulo: Revista dos Tribunais, 2014.

GOUGES, Olympe de. Declaração dos Direitos da mulher e da cidadã. Disponível em: <https://periodicos.ufsc.br/index.php/interthesis/article/viewFile/911/10852>.

HESKETH, Maria Avelina Imbiriba (Org.). Cidadania da Mulher, uma questão de justiça. Brasília: OAB Editora, 2003.

HESSEN, Robert. Os efeitos da Revolução Industrial nas mulheres e crianças. Disponível em <http://www.libertarianismo.org/index.php/artigos/os-efeitos-da-revolucao-industrial-nas-mulheres-e-criancas/>.

HUNGRIA, Nelson. Comentários ao Código Penal. v.8, 5ª ed., Rio de Janeiro: Forense, 1981.

INSTITUTO MARIA DA PENHA, 2023. Ciclo da Violência. Disponível em: <https://www.institutomariadapenha.org.br/violencia-domestica/ciclo-da-violencia.html>.

IPEA, 2023. Atlas da Violência contra a Mulher. Disponível em: <https://www.ipea.gov.br/atlasviolencia/arquivos/artigos/1504-dashmulherfinalconferido.pdf>.

LARDOSA, Tatiana Pessôa da Silveira Santos. Discriminação Interseccional e Responsabilidade do Estado à luz do caso Alyne Pimentel: Uma abordagem de Direitos Humanos. Revista De Direito da Defensoria Pública do Estado do Rio De Janeiro Nº 28 - 2018. Disponível em: <https://sistemas.rj.def.br/publico/sarova.ashx/Portal/sarova/imagem-dpge/public/arquivos/a-REVISTA_28_-_ART._TATIANA_DISCRIMINA%C3%87%C3%83O_INTERSECCIONAL.pdf>.

LEVATTI, Giovanna Eleutério. Um breve olhar acerca do

Movimento Feminista. Bauru: UNESP, 2011.

LOPES, Bárbara Martins. Da violência sexual intra-matrimônio: Entendendo o débito conjugal no mundo hodierno. In: Ambito Jurídico, Rio Grande, VIII, n. 21, maio 2005. Disponível em: <http://www.ambito-juridico.com.br/site/index.php?n_link=revista_artigos_leitura&artigo_id=578>.

MAIA, Luciana Andrade. Estupro Marital. Disponível em: <http://www.direitonet.com.br/artigos/exibir/6560/Estupro-marital>.

MARQUES, Danusa. Ações afirmativas para mulheres na política eleitoral brasileira. Publicado em 16 de abril de 2014. Disponível em: <https://pp.nexojornal.com.br/linha-do-tempo/2024/04/16/acoes-afirmativas-para-mulheres-na-politica-eleitoral-brasileira>.

MATTAR, Laura Davis. Reconhecimento jurídico dos direitos sexuais: uma análise comparativa com os direitos reprodutivos. Sur, Rev. int. direitos human., São Paulo, v. 5, n. 8, p. 60-83, June 2008. Disponível em: <http://www.scielo.br/scielo.php?script=sci_arttext&pid=S1806-64452008000100004&lng=en&nrm=iso>.

MELLO, Marilia Montenegro Pessoa de. Da mulher honesta à lei com nome de mulher: O lugar do feminismo na legislação penal brasileira. Videre, Dourados, MS, ano 2, n. 3, p. 137-

159, jan./jun. 2010

MENEGHEL, Stela Nazareth; HIRAKATA, Vania Naomi. Femicídios: homicídios femininos no Brasil. Rev. Saúde Pública, São Paulo , v. 45, n. 3, p. 564-574, jun. 2011. Disponível em: <http://www.scielo.br/scielo.php?script=sci_arttext&pid=S0034-89102011000300015&lng=pt&nrm=iso>

MESTIERI, João. Do delito de estupro. São Paulo: Ed. Revista dos Tribunais, 1982.

MIRABETE, Julio Fabbrini. Código penal interpretado. São Paulo: Atlas, 1999.

ONU, Organização das Nações Unidas. Objetivos de Desenvolvimento Sustentável. 2020. Disponível em: <https://brasil.un.org/sites/default/files/2020-09/agenda2030-pt-br.pdf>.

REINERT, Bruna Anne; HAMMERSCHMIDT, Denise; QUADROS JUNIOR; Zeno Luis. Stalking. In Tratado dos direitos das mulheres / coord. Denise Hhammerschimidt. Curitiba: Juruá, 2020.

RIBEIRO, Djamila. Quem tem medo do feminismo negro? São Paulo. Cia das Letras, 2018, p. 52.

ROCHA, Maria Elizabeth Guimarães Teixeira. Os direitos da mulher nos 30 anos da Constituição Federal Brasileira.

Publicado em 11 de outubro de 2018. Disponível em: <https://www.editorajc.com.br/os-direitos-da-mulher-nos-30-anos-da-constituicao-federal-brasileira/>.

SYDOW, Spencer Toth. Exposição Pornográfica Não Consentida na Internet e as mudanças da Lei nº 13.718/2018. Disponível em: <https://s3.meusitejuridico.com.br/2018/10/735571ac-exposic-a-o-pornogra-fica-nao-consentida-na-internet-e-as-mudanc-as-da-lei-vfinal.pdf.>.

SYDOW, Spencer Toth. Curso de direito penal informático – 2. ed., ver., a atual. - Salvador: Editora Juspodivm, 2021.

SOUZA, Anna Karla Ribeiro. Proteção jurídica da mulher e a tipificação penal da pornografia de vingança. Publicado na 1ª Edição da Revista Jurídica da Defensoria Pública do Estado do Tocantins – ADSUMUS - ISSN 2448-2099, Vol. 4, nº 1, 2019, com Qualis B5.

VARELLA, Marcelo D. MACHADO, Natália Paes Leme. A dignidade da mulher no direito internacional: o Brasil face à Comissão Interamericana de Direitos Humanos. Revista IIDH. Vol. 49. Disponível em: < https://www.corteidh.or.cr/tablas/r24591.pdf>.

www.ingramcontent.com/pod-product-compliance
Lightning Source LLC
Chambersburg PA
CBHW052209220526
45471CB00004B/1887